# 世界はナラティブでできている

## なぜ物語思考が重要なのか

Storythinking

The New Science of Narrative Intelligence

アンガス・フレッチャー

田畑暁生 訳

Angus Fletcher

青土社

# 世界はナラティブでできている

## 目次

# 世界はナラティブでできている

## なぜ物語思考が重要なのか

# 第1章　物語《ストーリー》

物語。

それはアイディアを伝えるためのもので、アイディアを作るためのものではない。物語は確かに、ファンタスティックな考えを生み出すことができるが、真の知性ではない。真の知性とは批判的思考《クリティカル・シンキング》であり、逸話や魅力的なおとぎ話を排して、真の事実や確かな原理を選ぶことである。

学校ではこのように教わる。だからこそ、物語の能動態は「物語ること《ストーリーテリング》」だと教わったのだ。「物語ること」は、ナラティヴを書くこと、もしくは語ることである。脚本家が映画の台本を書くとか、物理学者が漫画でビッグバンを説明する、といったことだ。つまりフィクションであったり、レトリックであったりする。

フィクションは危険だ、と私の先生たちは警告した。フィクションは嘘の別名だからという理由である。レトリックはさらに悪い、とも。本当らしく見せようとするための嘘であるから。

しかしここで、驚くような手の平返しが起きる。先生は、フィクションもレトリックも、真実を教えることがある、と言ったのだ。マンガが親切を教えたり、説得力のあるエッセイが知識を共有させたり、といった例である。

これはあり得ることだろうか？　嘘が真実を生むことがあるのだろうか？　なぜ？　私たちの脳は寓話から学ぶだろうか？　これは心の気まぐれか、それとももっと深い何かなのか？

私は当惑しながらも夢中になった。物語の魅力に長らく取りつかれたのだ。「ロード・オブ・ザ・リング」「フランケンシュタイン」「オセロ」といった物語は、私を驚かせた。私のお気に入りの本たちは、私に正しさを教えただろうか？　それとも誤りを？

こうした問題の底に、さらに興味をそそる問題があった。「正しく物語る秘密は何か？」。この秘密を見つければ、教室では魅力的な教科書が使われ、生徒を退屈や混乱から救い出せるだろう。この秘密を見つければ、プロパガンダは克服され、洗脳者やデマゴーグの支配は終焉するだろう。

この見通しに興奮した私は、答えを見つけようとした。九〇年代末にミシガン大学の神経生理学のラボで四年間の訓練を受けた（脳細胞がお互いにいかに語り掛けているかを考察した）後、イェール大学で文学の博士号（シェイクスピアがいかに私に語り掛けてくるかを考察した）を得て、ポスドクとしてスタンフォード大学に行き、そこで二〇〇五年、ナラティブ・セオリーという分野に出会ったのだ。

ナラティブ・セオリーは、いくつもの文学上の道具（その中には二千三百年の歴史を持つものもある）を使って、小説のプロットや映画の登場人物を分析する。そこから得られる洞察に魅了され、さらに歩を進めようとして、私はミシガン大学で学んだ神経科学の技術をナラティブ・セオリーに応用した。頭の中を覗き込む器具を使ったことが私の研究の特徴である。生物学を基礎とした手法を使った。それまでの研究者は紙の図書館やデジタルアーカイブを徹底的に調査していたが、私はその代わりに、生きている著者や読者に焦点を当てた。自然科学者が野生の蝶を網で捉えるようなやり方でナラティブという行為を捉えようとしたのである。私はハリウッドとMFA美術学修士の教室で何年も費やし、物語が生命に現れる捉えにくい瞬間を、ピンポイントで特定しようと試みた。本を読む人、劇場に行く人、それぞれ数千人に被験者となってもらい、ナラティブが人間の意識と混ざり、変容させる錬金術的瞬間を捉えるという奇妙な実験を行った。

そしてやり遂げた。予期しない結果が得られた。私の先生の話は間違っていた。物語は単に語るためのものではなく、より根源的な何かだった。

物語は、思考のためのものだったのだ。

## 物語思考《ストーリーシンキング》

物語思考は、「作家」よりも、「人間」よりも、「言語」よりも、古くからある。動物の脳という

「ちゃちな機械」が最初に生まれた、数億年前に遡るのだ。いや、その初期の形態はさらに昔、自然選択による進化が始まったところまで、つまり生命の起源まで遡るということだ。

生命の起源は創造的行動である。科学的な言葉で言えば、再生産可能な新たな機能ということになる。こうした革新的な行為によって、地球初期の生き物たちは、前カンブリア紀の海に適応した。互いに適応し合うといった関係も生まれ、罠や資源の潮流が刻々と変化する中で、勝利する種が現れる。

十億年以上も前に、創造的行動は鞭毛を持った原核生物の機能となり、五億年より少し前にニューロンの機能となった。ニューロンはその初期の形態では、感覚器官であり、創造的に行為するものではなかった。しかし自然選択が意図せずに革新をもたらし、ニューロンは最新の生物学的活動を量産するための、機械的手続きを発展させた。その方法とは、試しに何かをやってみて、その結果に適応するという、いわば試行錯誤で有益な動きや器官を作っていくというものだ。原始の時代から、創造的行動が脊椎動物の神経系の機能となり、それが（時には意識的に、あるいは衝動的、発作的、自発的に）ニューロンを結びつけ、狩猟、避難、建築、歌唱、恋愛といった新しい事柄を連続して生み出した。そうして遂に数十万年前、創造的行動は人間の脳の機能となった。

人間の脳は私たちの石器時代の先祖に、創造的行動を新たな計画、いわば新たなプロットへとまとめあげることで、予測していなかったピンチやチャンスに対応する力を与えた。プロットを実行するというのは、ナラティブ認知であり、いわば物語思考と言える。

物語思考とは、なぜともしこうなったらを考えるものである。原因から結果を推測する。異なる行動のルールの結果をそれぞれ予想する。仮説、可能性、反事実的思考、「起こり得ること」を心の中でモデル化する。脳という機械を使って、オリジナルのキャラクターをこれまでになかった物語世界に送り込み、次に何が起きるかを推測する。つまり、想像力によって加速された自然選択である。

かくして物語思考は人間の知性の道具となった。残酷なまでに効率の悪い「ダーウィン的進化」を、目的を持った成長へのモーターとして精製し、私たちがよりよい未来を計画し、その未来を実現するために個々の段階を踏むことを、手助けした。物語思考によって私たちの祖先は、共和国、ルネサンス、そして今日の宇宙船を構想した。物語思考によって私たちはナラティブであり続け、政治革命や、芸術運動や、技術の技巧を発明し、さらにファンタジーやSFを未来の最新の現実へと鍛え上げるための行動を案出する。

私の先生たちはこうしたことがらを、いかに見ないで済ませたのか？　どのように物語をコミュニケーションに限定したのか？　物語が実際の問題解決や現実世界のイノベーションのための心的エンジンになることをなぜ認識しなかったのか？

私の答えはこうだ。彼らが哲学者たちに耳を傾けたからである。哲学者たちは彼らに、ひいてはすべての人に、知性とは物語ではなく論理から生ずると説得したのだ。

## 哲学者の論理

今から五千年以上前に、世界各地で哲学者が出現した。シュメール人のメソポタミア、エジプト第五王朝、青銅器時代のインド、古代地中海、春秋時代の中国、古代の中米といった場所で出現したのである。他にも、歴史から失われてしまった多数の古代の土地があったことは疑いない。

哲学者は当初から、容赦がなかった。哲学者は世界の起源、世界が何でできているか、なぜ人間がここにいるのか、といった問題を論じた。哲学者たちは、「物語は思考の道具として信頼できない」という考えにおいては一致していた。物語は属人的、恣意的に過ぎ、事実からも独立し過ぎているというのである。したがって哲学者は、より厳格な思考の道具を求めることに専心した。そして次第に、その道具は論理であるというところに、議論はまとまっていった。

論理の働きは、ヒンドゥー教のヴェーダ（聖典）の半神秘的なサプタリシ（七聖仙）から、古代ギリシアの半歴史的な七賢人まで、各地の独立した理論家たちによって少しずつ別々に発見されていった。紀元前三五〇年には、こうした思索家たちのバラバラな仮定が、マケドニア人の博学者であるアリストテレスの『オルガノン』にまとめられていた。

これは帰納、演繹、解釈、弁証法の形式的規則を展開した六つの書から成っている。こうした規則がローマ帝国（後に東西に分かれる）、イスラムの黄金時代、そして十二世紀から十六世紀にかけての西洋の主要な大学（ボローニャ、パリ、オックスフォードなど）の、哲学の基礎となった。

このような論理の支配は、ルネサンス期に、実証主義の精神を持つレオナルド・ダ・ヴィンチやガリレオ・ガリレイといった自然哲学者によって挑戦を受けた。ウィリアム・ハーヴェイは、アリストテレス学派を近視眼的、不毛、役立たずとして排斥（あまつさえ攻撃さえ）した。しかし啓蒙時代、デカルトのコギト、ニュートンの数理的天文学、カントの究極の理性のおかげで、論理は復権した。それ以来論理は哲学の中で、地歩を拡大している。十九世紀初頭、ヘーゲルがアリストテレスの弁証法を復活させた後、それは浪漫主義の種を播き、マルクス主義やそれ以外の大陸哲学を生んだ。十九世紀末になると、ゴットローブ・フレーゲがアリストテレスの命題法則を拡張し、どのような議論にも適用できるような公理にすると、それは分析哲学の基礎となった。二十世紀初頭には、哲学者で心理学者のチャールズ・スピアマンがテコ入れし、「一般知能」という近代の教理《ドクトリン》を作り上げた。そこから私たちは、批判的思考《クリティカル・シンキング》、創造的アイディア形成、標準化されたテストといったものを受け継いでいる。そして二十世紀末には遂に、コンピュータＡＩへと進んで行く。

ＡＩは、アリストテレスが樹立した不変の論理法則と同じ三段論法（AND/OR/NOT）によって駆動している。AND/OR/NOTの三つは、コンピュータの頭脳部（ALU=数学的論理ユニット）の論理ゲートに埋め込まれている。AI、あるいはすべてのコンピュータが使う思考のルールは、この三つだけなのである。これは、機械学習の驚異は、『オルガノン』に載っている設計図に従っているということを意味する。アルゴリズムが行う思考は純粋な論理である。

だからこそ私の先生たちは、思考と物語とをつなげなかったのだ。彼らは哲学の広範囲に渡る洞察（インドのヴェーダから言語学的転回まで）に感心し、頭の良さをIQで、創造性をデザインで測ることを学んだ。彼らはAIの電子的な優秀さに未来を目撃した。鋭さと論理や、論理の結果生まれた知的な成果とを同一視した。ユークリッド幾何学からパースの記号論、アラン・チューリングの汎用計算機の理論まで。合衆国憲法の政治原理から現代人文学の解釈学的方法、収束および発散する思考のイノベーション・プロトコルまで。

知的歴史のこのバージョンで、何が間違っていたのだろうか？　私の先生たちが見落としてしまったものは何か？

## 私の先生たちが見落としたこと

私の先生たちが、論理を思考だと見なしたことは、間違いではない。論理が「唯一の思考方法」だと考えたことが間違いなのである。思考には、論理と物語という、少なくとも二つの方法がある。一方は他方に解けない問題を解くことができる。一方は他方が決して創造しないものを創造する。この知性の二元論は、分析的・実証的に明らかにすることができる。

分析的に言うと、物語と論理は、認識論的方法が違う。論理の方は等式という方法を採る。より技術的に言うと、「相関推論」すなわち、「これとあれが等しい」と、永遠の現在形で語るのである。物語の方は実験という手法を採り、「これがあれを引き起こす」というものなので、過去／現在／未来の区別が必要である。それぞれの手法は独自の作動範囲を有している。論理の方は安定した高速データ環境が必要だが、それに対して物語の方は低速データ環境、あるいはデータ環境なしでも作動する。もちろん両者が重なる領域もある（例えば、チェス、碁などのボードゲームでは、物語が論理に多少は対抗できる。企業の人的資源、組織のヘルスケア、ほか大規模な人間のシステムでは、論理が多少は物語に対抗できる）が、多くの場合、一方の手法でできることを、他方はできない。物語は永遠の真理を算出できないし、論理はオリジナルの行動を生み出すことはできない。

実証的に言うと、物語と論理は、人間の脳の中で、異なった機械的作動を行っていることが、追跡可能である。すなわち、脳がコンピュータのように作動すると多くの認知科学者がかつて信じたが（今でも信じている人が少しはいる）、そうではなかったのだ。視覚野などの神経解剖学的分野は、表象や他の論理的機能で考えているように、脳は部分的にはコンピュータのように作動する。しかし、人間の脳は大部分、ナラティブの機械のように作動する。というのも、脳の主目的の一つは行動の決定であるからだ（古くから運動野があり、脳の中心であることから実証されている）。行動するためには因果推論、言い換えると物語思考が必要なのである。

　私の先生たちが見落としたのはここである。彼らは、知性というものは単一のメカニズムに還元可能と信じていた。そして、そのメカニズムを論理と同一視し、物語に残された役割はコミュニケーションだけだと考えた。そこから先生たちは、物語の唯一の仕事は、「論理推論を、論理的な洞察力を持っていない人々に伝えること」と結論付けたのである。

　先生たちはこの結論に自信を持っていたので、明らかな問題点を見落としていた。物語がコミュニケートできるのは、脳が自然に物語で思考している場合のみだということである。そうでなければ、私たちの灰白質（脳の知力を司る部分）の「クランクとピストン」と、かくも容易に接続できるはずがない。先生たちは軽視していたが、実際には人間の知能の主たるオペレーティング・システムの中に、物語を編み込まれているのである。陶器から飛行機の制作まで、民主主義から貿易ネットワークまで、農業から抗生物質まで、聖書から日常倫理まで、およそあらゆる創造行為の計画を助けてきたのが、物語なのである。

人間の独創性においてナラティブが主導的な役割を果たしていることは、物語が賢くなるための最善の方法であることを意味しない。私たちの脳は、他の生物・器官と同じように、盲目的に進化してきた。したがって私の心理の背後に、輝かしいデザインなどはない。喉頭蓋や腰椎のように、幸運と遺産との偶然の組み合わせであり、物語という特有のケースにおいて、その限界はコンピュータの発達（パターンを同定し、アルゴリズムを走らせ、私たちの脳のナラティブ・ネットワークにはできない動作が可能となった）だけではなく神経解剖学（それ自体でいくつかの計算領域を発展させ、物語にはできない数学の課題ができる）によっても、明らかとなった。

とはいえ、ナラティブの主導的な役割は、私の先生たちによる、論理を基盤としたカリキュラムが近視眼的であったことを意味する。その理由は二つある。

第一に、私たちが自然に行っている思考方法の価値を下げることは、社会的に深くネガティブな結果をもたらす。それがコモン・コア（中核カリキュラム）といった形で学校で制度化されると、パソコンやスマホの方が人間よりも得意な課題（記憶、批判的思考、数量的推論）に基づいて容赦なく人間の脳を評価することで、学生を困惑させ、屈辱を与え、意欲を失わせる。測定やデータに対する過度の熱狂を生み出し、私たちの経済、政治、医療システムの非人間化、脆弱性、燃え尽きをもたらした。

第二に、私たちの脳の「自然史」を見落としている。脳の歴史は神秘に満ちているが、そうだとしても、脳の論理回路が最近になって進歩して物語という心的テクノロジーを時代遅れにした、というのが間違いであることは分かっている。これは事実とはほど遠い。私たちの脳の論理回路はそれ自体信じられないほど古く、その出現は五億年以上前の古生代の海洋生物の視覚ネットワークにさかのぼる。論理は、知性の進化の上に印を刻むだけの長い時間を持っていた。この長い軌跡の中で、もし論理が物語よりも優れたパフォーマンスを出していたならば、論理は物語思考と共存するのではなくそれを支配していたことだろう。

こうした基礎的な事実は、スマートな教室やビジネス、都市では、よりデータに基づいた意思決定、デザイン、最適化が必要であることを示唆するが、同時に挑戦的な質問も思い浮かぶ。もし哲学者たちが論理と同じくらい物語に価値を置いていたらどうなっていただろうか？　創造的行動を学ぶ中等学校や、ナラティブ認知を研究する博士課程があったろうか？　雇用を調節するために、AIテクノロジーの度肝を抜くような、プロットの技巧を構築するシリコンバレーのスタートアップ企業があっただろうか？　文学、飛行機、民主主義、抗生物質といったものが、もっと生まれていただろうか？

人間が「物語において思考する」ことをより得意としていたら、どんな問題を解決でき、どんなイノベーションを達成していただろうか？

## 「物語において思考する」ことをより得意に

本書の野望は、アリストテレスが『オルガノン』で論理について行ったことを、物語思考について行うことである。つまり、脳の持つこの生得的能力を改良する、哲学的な導入を提供することだ。言い換えると、本書は実用書たらんともしている。物語の最終的な真理を図解したりするフリはしない。真理のためには、論理の持つ「不変の規則」「数学的な見通し」を要するが、物語はそのためには柔軟過ぎ、暫定的過ぎるのである。物語に可能なのは、現実世界の問題に対して、「（完全ではないが）十分な」答えを出すことに限られる。物語は、絶対的な理論から排除され、暫定的なプラグマティズムへと向かうのである。

哲学者たちは概ね、このようなプラグマティズムに魅力を感じない。たとえ実践《プラクシス》と関わる時も（アリストテレスが修辞を使い、ウィリアム・ジェイムズが認識論で用いたように）、やや皮肉にも観察されたように、実践を「実践の理論」にしてしまう習慣がある。哲学的な人は、実践は知的に浅いものだと感じがちだが、深い価値を持つ企てになり得る。私たちの生活が「論理のユートピア」（ユートピアとは、後の章で論じるように、不可能でありかつ、生命体にとっては望ましいものでもない）になるまで、問題解決や応用のイノベーションは、私たちの身体のサバイバルや精神の開花の、動力であり続けるだろう。

物語思考を改良することで、私たちは地上での生活を、より丈夫に、健康に、幸福にすることができる。この控え目なプロジェクトをより仰々しく言うと「ナラティブ認知の実践を改良することで、私たちは哲学のもともとの目的であった、良い人生の獲得を推進できる」となる。（ここで「良い」とは「今、ここで可能なうちで最良」を、「人生」とは「生まれてから成長を経た、生物学的な生存」を意味する）。

こうした実践的な目的のため、あなたが手にしている本書は、経験的、探求的、暫定的なものである。言い換えると、理念的、聖的、不変的なものではない。あなたが読む文章のうち、永遠に残るものはない。未来の物語思考者（あなたがその一人であると期待したい）にとっては、時代遅れの内容となるだろう。

陳腐化という幸福な仕事であなたを助けるために、以下の節ではあなた内部の物語思考スキルを鍛え、拡張することにする。スキルは数多いが、行程を進めるために重要なものは以下の三つである。

（1）**例外を優先する**。人にせよ場所にせよ（ナラティブの用語で言うと、アクターにせよ物理環境にせよ）、ユニークなもの、特別なもの、顕著なものに焦点を当てる。個人を抽象化し、普遍的な元型《アーキタイプ》へとはめこむ誘惑に抗する。外れ値を例外として除外し、ノイズを統計上の平均へと回帰させるＡＩの思考とは真逆を行く。歴史のパターンを破るような出来事に注目し、「全く新しい未来の兆しではないか？」と推測するのだ。何度も何度も推測する。多数のＳＦ小説が違った未来を展開してきたように。瞬間的には驚かれるが、回顧することも可能である。

（2）**視座を移動する**。例えば映画や小説で登場人物の視点を通して見てみるなど、自分が他の人だったらどうかと想像してみる。他の人のふるまいの理由の根にあるものを同定し、その理由を自分のものとして内面化する。外部の動機の内面化には限界もある。自分の脳を文字通り、他人の脳にすることはできない。しかし、自分の持つ偏見《バイアス》や希望や恐怖から少しでも抜け出し、自分が中立でいられる範囲を生産的に拡大することは可能である。

（3）**ナラティブな対立を煽動する**。頭の中で（あるいは何人かで集まって）、非対称的な二つの物理的な原因の間での戦いを奨励する。例えば小説家はプロットを構築するために、登場人物同士を戦わせる。アイディア、議論、理論など論理的なもの同士を戦わせるのではない。弁証法的統合や解決を生み出す代わりに、オリジナルの行動を作り出すのだ。こうした行動で何ができるのかを見つけ出す方法はただ一つ、同時にテストをして、効果を比較することである。

これら三つのスキルは、自然選択による進化の核となるメカニズムをさらに強化し、創造の歩留まりを上げる。この三つはすべて、あなたの頭の中で自然に機能している。あなたの脳は、環境に何か規則に反することを見つけるようになっている（パラノイアの痛みはここから生まれる）。あなたの脳は、世界を異なった戦略的優位性から見るために発展した、視座を移動させるネットワークを、持っている可能性がある。さらにあなたの脳は、個別のニューロンが半自動的な頻度で発火するという民主的な集合体であり、あなたの物語思考の恒常的な内部闘争を生み出している。

こうした心的過程が自然選択による、問題解決やイノベーションのための根本的な能力を育て、自身もまた成長できる。

芸術を通じて、および、科学を通じて。

## 芸術と科学で物語思考を成長させる

ヒトという種は、前記の三つの独自バージョンを採用し、ナラティブな芸術作品（神話、戯曲、小説、映画）を通じて物語思考を成長させてきた。単一の出来事に対して心を調整し、他の心理学的動機を引き出し、異なった行動をするキャラクターたちをぶつける。物語思考を育むこれら三つの方法は、各国の図書館で見つけることができるが、ここでは手近な例として、英文学の中で最も高名な物語である「ハムレット」を取り上げよう。

（1）**ハムレットは例外を優先する。**ハムレットは私たちのまなざしを異様な出来事に向けさせる。奇妙な憑依や不自然な前兆。毒殺や吹き抜け埋葬。復讐のたくらみは常軌を逸し、狂気を孕んでいるように思える。タイトルになっている主人公も、異例なものの重要性に捉われているという思考に私たちを導く。「不思議なものも歓迎する…汝にとってなぜそれほど特別に思えるのか？　いえ、マダム、思えるということではなく、実際にそうなのです…」

（2）**ハムレットは視座を移動する。**私たちの脳に、異なる考えを持つ人の意図をよりよく理解させるために、ハムレットの独白やオフィーリアの意味をなさない歌といった革新的な技巧を使うことで、この作品は私たちに、お互いの心理についての長話を入れ込んで来る。

（3）**ハムレットはナラティブな対立を煽動する。**ハムレットは容赦なく、「原因となる者」、文字通りの名前で言えば「劇的なキャラクター」と、衝突する。具体的には、母親と、オフィーリアと、ローゼンクランツやギルデンスターンと、レアティーズと、さらには自分自身とも衝突する。「生きるべきか死ぬべきか」…

この三つの「秘法」は、「ハムレット」の作品中のフレーズを借りれば、「狂気…その中に方法を孕んだ」ということだ。想像力を厳格に展開するための、不確実で、不安定で、予測不能なプロセスである。それはシェイクスピアの劇が、いかにして多数の観客〔ヴァン・ゴッホからアルベール・カミュ、マヤ・アンジェロウまで〕に火花を散らし、彼ら独自の芸術的・哲学的な創造物を孵化させたか、その神経的な「ボルトとナット」〔基本的なもの〕である。

同様の「秘法」は近代科学においても見つけることができる。手早く例を三つ挙げよう。チャールズ・ダーウィンの自然選択理論、マリー・キューリーの放射能の理論、アルベルト・アインシュタインの相対性理論はそれぞれ、生物学、化学、物理学に属するものだが、科学の手法としていずれも、物語思考の三大要素と関わっている。

（1）**科学は例外を優先する。**科学は既存の自然モデルに適合しない出来事を重視する。ダーウィンはガラパゴスフィンチの、他に類を見ない嘴に目が釘付けとなった。キューリーが着目したのは、原子の不可分性に反する奇妙な物質である。アインシュタインは光の持つ独特な性質に注目した。

（2）**科学は視座を移動する。**科学は、自然の因果関係を視座に入れ、各要素を、語ることが可能な行動をするものとして扱う。ダーウィンは自然選択を、多数の親族からなる物語と想像した。キューリーは分子の反応を妖精物語だと想像した。アインシュタインは自らを、太陽光線の中の競技者と想像した。

（3）**科学はナラティブな対立を煽動する。**科学では仮説同士を戦わせて、それらを分岐する予測へと磨き上げる。こうした予測はナラティブなものであるので、論理に縮約することはできず、注意深く設定した実験だけで得られるものではない。一八六五年にグレゴール・メンデルが報告したエンドウマメの交配実験はダーウィンに確信を与え、一九一一年のラザフォードの金箔実験はキューリーに確信を与え、一九一九年のアーサー・エディントンによる日食の写真はアインシュタインに確信を与えた。

近代科学は簡単に言えば、ハムレットの実験室でのパートナーである。ダーウィン、キューリー、アインシュタインの三人全員が、シェイクスピアの劇を知っていたのは偶然ではない。ダーウィンは若い頃、退屈な学校の勉強に嫌気がさし、シェイクスピアにのめりこんだ。キューリーはポーランドのロマン派詩人であるアダム・ミツキェヴィチを通して、アインシュタインはゲーテの劇場を通して、シェイクスピアに触れている。

あなたの物語思考を向上させるために、本書は「ナラティブな芸術」および「近代科学」と同じように、三つの物語思考の秘法を使うだろう。生物学の研究者のように、ありのままの事実から新鮮な仮説へと飛躍し、観察された結果から逆向きに原因を想像し、競合する予測をランダム化コントロール実験を使って検証する。劇場の台本書きのように、ユニークな登場人物や彼らの特異な人生物語を通して、物語思考で過去、現在、未来を探究する。こうしたナラティブは、新たな視座、転回、衝突を加えることで、私たちがこの短い序説で述べたことを豊かにするが、その目標は知識の伝達を超えて、オリジナルな考えを刺激することである。物語の創造的なプロセスに漬けることで、神経的なナラティブのノウハウを深めることが目的である。身体行動をより広く、独創的、適応的に手助けすることで、医師の解剖学理解をより深めるダンス教室のようなものだ。

すなわち、これから述べるナラティブは、私の先生たちが理解した物語とは違う。演繹的な分類や、帰納的な定義、解釈的公式を植え付けるための修辞的道具ではない。そうではなくて、論理には不可能なやり方で熟考するための道具である。混沌の中で戦略を練り、疑いの中で進化し、生命として成功するために、あなたの脳を強化し、向こう見ずな人のために方法を提供してくれるだろう。

# 第2章　物語と思考

西洋哲学の揺籃期に物語は思考から切り離された。

それが起きたのは紀元前三三五年のアテネ郊外、都市を囲む石灰岩の壁の東である。狼がうろつく丘の横に新しく建てられた図書館で、一人の老いた博学者が、長いパピルスの巻物を広げていた。その名はアリストテレス。マケドニアからの移民で、その前の十年間は地中海地方をさまよい、エジプトの薬やビザンチンの花を研究していた。巻物の名は『国家』。今を去ること四十年前、既に亡くなったアリストテレスの師であるプラトンが著述したもので、プラトンの師であるソクラテスが、理性によって統治する理想の政府を求める努力がまとめられている。

理性を実現するために、『国家』は詩を排除し、それと一緒に物語も排除した。物語はフィクションの婉曲な言い方、フィクション自体は嘘、騙し、でっちあげの婉曲な言い方としたのだ。物語自体が悪くないとしても、その劇的な寓話性は、理性的でなく暗い魅力である「感情」を呼び起こす。虚偽、感情、その他物語の心的な沈殿物を消し去るため、『国家』の啓蒙された市民は詩や、その神話を、非合法とした。桃源郷《ユートピア》にも数学や音楽はあるだろうが、ナラティブはないだろう。

アリストテレスは種油のランプがゆらめく中で、この政治的青写真を熟考し、眉をひそめた。物語《ナラティブ》なしだって？　そもそも『国家』自体が一つの物語ではないのか？　プラトンの他の著作にしても、「アトランティスの話」や「ティマイオスの寓話」のように、文芸のプロットを備えている。そう、確かに物語は哲学の敵ではない。そうではなく「謙虚な味方」、哲学の厳しい精神に対する、優しい師である。哲学が真実の最高の高みに到達するものだとすると、ナラティブは低みにとどまり、共通理解を手渡すものだ。

この結論に満足したアリストテレスは巻物二巻分に彼自身の見解を記した。『詩学』と『弁論術』である。前者において彼は、ナラティブがいかに感情を生成し得るかを分析した。後者においては、感情がいかに聴衆を理性の道へと動かし得るかを論じた。

この二つの洞察でアリストテレスは、ナラティブを救い出そうとしたのだが、実際にはプラトンによる切削を補完する結果となった。それから物語は、それに賛成する者にも反対する者にも、学習の場においては修辞《レトリック》として知られるようになった。修辞は時に哲学とは対照的なものとして扱われ、別の時には哲学を補完するものとして扱われたが、いずれにせよ哲学とは別物となった。哲学者は思考するために理性を用い、他方修辞家はコミュニケートするために物語を用いた。

アリストテレス以降の二十三世紀の中で、物語と思考との分裂は西洋文化の特徴であり続け、二十一世紀の法律、政治、経済、ビジネス、コンピュータ科学、初等教育、ナラティブの学問的な些でも、それは変わらない。この分断はあまりに深く、広く浸透しているので、永遠に続く自然なものと見えている。

しかしそれは間違っている。プラトンの『国家』から長く歴史を遡っていけば、哲学自体の起源が物語にあることが見えてくる。

## 哲学の起源

五千年前のシュメール人（メソポタミア文明）の沼沢地である。泥レンガでできた高い門が馬車道に聳えているニップルの大図書館の中で、師範が生徒に教えている。

師範は、いかに夏が六月の収穫を保証するのか、それに対していかに冬が抗議し、収穫の土を養うのは一月の水だと主張したのか、そしていかに領主が冬の肩を持ち、夏の傲岸さを非難したのか、生徒たちに教えた。

かくして哲学が始まった。いやそうでないのかもしれない。おそらく様々な地で始まったのだろう。エジプトの第十二王朝では、ある書記がプタハホテップの生まれ変わりだとして、高度な教訓を書き残した「弱い者を苛めてはならない。強い者があなたを苛めないために」。

あるいは哲学は、ヒマラヤの麓のモンスーン地帯で、水を飲むヤージュニャヴァルキヤと、もの思いに耽りがちな彼の妻が『ブリハッド・アーラニヤカ・ウパニシャッド』のなかで述べられているように、宇宙は飢餓の「無」から生まれた馬でこれを知ることが富、力、至福を得ることであると瞑想した時かもしれない。

あるいはユダヤの聖書において、深く夢見ているソロモン王が機械仕掛けの玉座に上がり、格言の形で、いかにして神が智慧の光で大空を分かち、人間が曲がりくねった道を離れて「生命の樹」を見つけることを先導するかを述べた時であるかもしれない。

あるいは周王朝の紙で出来た教室で、孔子の『論語』における「仁」の発見が、「己の欲せざるところを人に施すなかれ」として講じられている時かもしれない。

あるいはマヤ文明の都市トゥルムで、滝や松に囲まれ、宮廷芸術家たちが石灰を塗った鹿革を軽く叩きながら、いかにしてスカイハートが、メイズマンに意志を持った眼を埋め込んだかを語っている時かもしれない。

あるいはこのいずれもが、哲学《フィロソフィア》の真の始まりではないかもしれない（フィロソフィアというギリシア語を、上記に挙げた思想家たちは知らなかった。この言葉は、イタリアの海岸沿いで、ベジタリアンの数秘術者だったピタゴラスによって作られた）。おそらく哲学の始まりはもっと昔、ホモ・サピエンス（私たちが自らの種族を称えて「賢いヒト」と呼んだ言葉）以前の、ネアンデルタール人、ホモ・エレクトゥスあるいは他の内省的な動物において起きた、ヒトの言葉やそのわずかな記録より前の、記録に残っていない心的な跳躍として起きたものだろう。

孔子、ソロモン、プタハホテップ、ヤージュニャヴァルキヤ、マヤの王族、ニップルの師範の発言は、真の創成期というよりは「初期の章」であるとしても、彼らは哲学の最初のページにわずかな貢献を行ったのだ。これらのページには、「哲学は論理の純粋な光によって、何もないところから生まれてきたのではない」と書かれている。哲学の膨大な文献は、別種の知的作品である「知恵文学」への注釈として出発したのだ。

「知恵文学」の揺籃期は神話や伝聞に覆われている、知恵文学も哲学と同じように、後には永久に残る文書の形態になるが、合理的な選択の計画的な連鎖というよりは、長らく口承という野菜を収穫する生い茂った庭に近い有機的なプロセスによって育てられたものである。

この「文学の庭」は（私たちが知るところでは）多くの文化にまたがる種が発芽したものである。古代アフリカやインドのヴェーダの獣の話から、近東における創世期や、ヨブ記の伝説、アマゾンの予言者やアボリジニのドリームタイムの異世界的な歌まで。分岐する多様性を一つにまとめたのは、「定義可能な形而上学的本質」ではなく、一対の物理的プロセスだった。

1.「どのように生きるべきか？」という問いに答えることへの焦点付け

この問いは、現在では「倫理学」として知られている、哲学内の広大な分野の起源である。痛みを減らし快楽を増やすという生物としての渇望が根源にあるだろう。この渇望が原始の時代に私たちの「動物の脳」にひらめきをもたらし、私たちの欲望を形作り、原科学的な試行錯誤の手法を生み出して、原生人類が狩猟、火、住居等を作ることを可能にし、さらにはより近い祖先が農業、法律、芸術といった道具を作り出すことを可能にした。

2．ナラティブにおいて豊かな**方法**

ナラティブは行動を遂行するアクターである。あるいは文字通りには、その性質はプロットに関わっている。これらの性質やプロットは、倫理学における根源的な問題のように、究極的には生物学に由来する。これが他の人間への敬意を生み出した。どのような他の環境要因よりも、私たち人間にこの世界での成功を決定付けるからである。

私たちは、問題を解決し、遺伝子を遺していくために、他の人間が必要である。同時に、生命維持のための資源を他の人間と争っている。彼らは友人・恋人となるだけでなく、ライバルや敵にもなるのだ。

私たちの脳は人間の置かれた環境の中で機能するように進化してきた。そして、私たちの脳はしばしば、実際の外部の地理に重ねて、環境を語ってきたのである。太陽、天気、小麦畑といったものはみな、私たちの脳によって、計画的な行動に見られる人間的な動機をしばしば持つものとされてきた。嵐が雷鳴を通して怒りを表し、小麦畑が発芽した穂先を通してその創造性を表す、といった具合に。

知恵文学の両方の性質は、哲学の最初期の作品に現れている。ニップルの大図書館や、シュメールの「夏と冬の話」を振り返れば見て取ることができよう。

話の**焦点**は実践的な倫理に当てられている。収穫の数か月前に灌漑することの重要性を強調することで、予見や準備、勤勉な労働が生み出す利益に気付かせる。

話の**方法**は大いにナラティブである。季節は擬人化され、彼らのふるまいは彼らに対立や、プロットの核となる原動力をもたらし、物語を前に進ませる。

シュメールの神話が知恵文学であるとしても、それにはとどまらない。既に五千年前、その焦点および方法は変化を経ており、私たちが専門的哲学と呼ぶものの萌芽が見られる。

## 専門的哲学の発展

専門的哲学は知恵文学とほぼ同じくらい、中身の大きなカテゴリーである。プラトンのアカデミーにおけるソクラテス的な教授から、アッバース朝黄金時代のイスラム学術、ヨーロッパ中世大学での神学部、そして近代高等教育での道徳哲学の教授へと延びている。哲学者には特定の訓練や制度的地位は必要ではなく、その代わりに、地位や学生数、学費の競争を促進するだけの、哲学者の人数が必要だった。この競争によって哲学者は、相互に関連する二つの方向へと駆り立てられた。一つは専門上での競争による攻撃に耐えられるような知的な基盤を追求することであり、もう一つは攻撃に対して反撃するための方法を発展させることである。第一の方向性は哲学の焦点を、倫理学から形而上学へと移動させることになった。

形而上学は第一法則の探求である。つまり究極的な原因、根本的な理由を追い求めることである。言い換えると、哲学を、真理として知られる揺るがない台座に据える試みである。

真理は存在論的に、行動から区別される。行動は「行く」「成長する」など、時間に従って変化する。これを哲学の言葉では「成ること」(becoming) と呼ぶ、それに対して真理は「あること=存在」(being) である。存在は永遠である。いつまでも現在時制であり続けるので、時間に捉われない。
　こうした「存在」は、シュメールの神話では最後の瞬間に達成される。そこではシュメールの「創造主」が、冬は夏よりも優れていると判定している。この優越性は一時的なものではなく、たとえ夏が賢くなり冬が失敗したとしても変わらない。その永遠性や絶対性は形而上学的法則である。夏ではなく冬が永遠に崇拝され、たとえ夏が冬を乗っ取ろうとも、その乗っ取りは虚偽だと言うのだ。そして、その時でさえ実際には、冬が王なのである。

専門的哲学の第二の方向性は、方法において、ナラティブから議論へのシフトをもたらした。

　議論は行動を、等式、同一性、解釈その他の、論理を基盤としたプロトコルに置き換える。このプロトコルは、ある状態を別の状態と関係付けるものだ。「あること」は永遠の現在時制のもとで存在しているが、議論もそうである。議論とは、「XはYである」「XはYではない」といった形式であって、「XがYを導く」といった形式はとらない。なぜならばこのような「時の経過」は永遠からは排除されているからだ。
　議論は変化を回避しているので、「初めから終わりまでを関係付ける」、言い換えれば「ある特定の原因がある特定の結果をもたらす」といった、ナラティブの中核となる機能を抹消している。

議論という「時のない空間」では、原因が結果を作り出すことはなく、結果が原因から生まれることもない。そうではなく、あらゆる原因が結果であり、あらゆる結果が原因である。Xが存在するなら常にYも存在する。真理とは美であり、美とは真理である。法律は正義であり正義は法律である。

議論が過去と未来を抹消した結果として、「力」が象徴的なものになり、知恵文学の神を、「現世での食料、温かさ、光の起源」から、「その絶対的な正しさを主張する時間のない存在」へと変質させる。シュメールの神話における対話でこれが起きている。シュメールの神話は一日を計画する神の話で始まる。この神「エンリル」は、冬と夏を生むために山と交わる（そして冬と夏が羊肉、バター、蜂蜜、玉ねぎを誕生させる）。しかしこうした「創造的行動」の後、神話は時間のない議論へと転換する。夏は冬に対して、「お前の時間は冷たいが、俺の時間は豊かだ」と嘲る。最後は創造主がこう宣言して終わる「冬は生命を与える水の支配者である」。そして「この評決は変わらない」と石に彫られるのだ。

シュメールの神話の後も孔子、ソロモン、プタハホテップ、ヤージュニャヴァルキヤ、マヤの「作品」において、倫理やナラティブからの転回は進んだ。シュメールの神話にあるように、専門的哲学はより形而上学を、より議論を重視するようになったのである。

## さらに形而上学を、さらに議論を

孔子、ソロモン、その他初期の哲学者の作品においては、形而上学がただ倫理学の基盤にはなっているだけではなく、倫理学の全体、底辺から頂上までとなっている。

この「移行」は何か集団的な改革プログラムのようなものがあって行われたわけではない。孔子もソロモンもマヤ文明の人たちも、お互いについて全く知らなかった。それぞれが独立に、「真理の探究」を同じように優先し、移行が進んでいったのだ。古代世界の各所で哲学者たちは、真理探究という野望を抱いた。この野望は、普通に生存するための物理的な圧力によって延期されたり、果ては妨害されたりもすることを、哲学者たちは認識するようになった。穀物を植え、水をやり、収穫しなければならない時に誰が思索にふける時間を持つだろうか？　金銭的な利益や社会的な昇進といった物質的な誘惑がある際に、誰がそれをはねのけて原理の追求を諦めないであろうか？

知的な追求のためのより広く、堕落しにくい空間を作り出すために、哲学者たちは自らの生徒を、雑事や日常を生き抜く上での危険から遠ざけようとしてきた。倫理学は当初、身体上の健康や、農民や商人の幸福を向上する手段として用いられてきたが、紀元前千年紀の初頭、哲学は世俗を離れた賢人の名声追求行為へと変容した。だからこそ儒教の究極の教訓は「儒教徒になれ」であり、ソロモンの究極の教訓は「私のようにせよ。肉体の死にまつわる苦悩を捨て、魂を永遠に向けて伸ばせ」である。

専門的哲学が発展するにしたがって、この傾向はさらに強まった。「哲学者」という名称が登場し広まったのも、それが主な理由である。「哲学者」(philosopher)とは、「真理を愛好する者」という意味である。ピタゴラスがそのように自称した時、彼は暗黙のうちに、自分が追い求めているものが正当であると主張したのだ。倫理と真理追求を等置することは、プラトンやアリストテレス、さらに多くの古代および中世の哲学者たち(プロティノスから、新プラトン主義者、イブン・スィーナーとイスラムのカラミストから、トマス・アクイナスとヨーロッパのスコラ学者まで)が、良い人生とは、正義と自然に関する究極の事実を知ることと定義している。真理のための真理を求めるというエートスは、啓蒙主義、浪漫派、近代哲学にも広がっており、デカルト、カント、ヘーゲル、ニーチェ、ハイデッガーといった多様な主導的思想家が以下に同意するだろう。人間の実存の最上位の状態とは、形而上学の問題に取り組むことだ。

それと並行して哲学者たちは、倫理学を形而上学へと変質させ、ナラティブを議論へと変換していった。こうした変質は、初期の哲学のアレゴリー(寓意)的な性質から感じることができる。初期の哲学では、ふるまい(例えば親切さ)がプタハホテップによってマート(永遠の心)の真実へと昇華され、人物たち(例えばフンアフプーとシュバランケという地下の双子)はマヤの神官によって不変の二元法(太陽/月、昼/夜、光/闇)へと抽象化される。哲学の専門化が進むほど、この傾向は加速し、それを専門化した初期の、そして最も影響力のある著作に見てとることができる。『トピカ』である。

『トピカ』はおよそ紀元前三五〇年に、アリストテレスによって、『オルガノン』の第五の書として刊行された。それまでの四書において、アリストテレスは帰納、演繹、そして解釈の規則を列挙し、カトリック神学や啓蒙主義科学、分析哲学、文学記号論、さらにデジタルＡＩ（第5章を参照）といった分野を駆動するような公式を確立したが、『トピカ』では弁証法という道具を使って論理を豊かにしており、中世における問答や、ルネサンスの修辞学、ヘーゲル派の推論、マルクス主義、近代大陸哲学（第8章を参照）を形作ることになる。

弁証法の基礎はソクラテスに由来する。ソクラテスは石工の息子として紀元前四七〇年にアテネで生まれ、相続した財産を使って若者たちの教師としての地位を確立した。生徒の中にはアリストテレスの師となるプラトンもいた。アテネの法廷による紀元前三九九年のソクラテスの処刑（不当に殺された）後、プラトンは正義を求めて、「対話篇」として知られる著作集を執筆、そこには真理を発見するために異例のアプローチを執るソクラテスの姿が書き残されている。

そのアプローチとは、ハエのように相手にまとわりついておしゃべりをする、というものである。強い意見の持ち主と会話する時、ソクラテスは相手に対して質問し、挑戦し、その意見をからかう。言葉のやりとりを繰り返すことで、より強固で理性的な意見を、産婆のように産み出させるのである。

意見に磨きをかけて理性を導くソクラテスのやり方に感銘を受けたアリストテレスは、ソクラテスの刑死から約半世紀後、それを形式的な議論の手続きへと昇華させる。別の言い方をすると、文学的な対話を、論理的な弁証法へと変換したのである。この変換を効果的にするためにアリストテレスは、ソクラテスの対話から、ナラティブの要素を注意深く取り除いた。ソクラテスのキャラクターを取り除き、メノン、イオン、ゴルギアスといった半ば虚構化されたアクターとソクラテスとの物語を取り除くと、残るのは正―反―合という真理を算出するプロトコルである。

ナラティブを抹消したことで『トピカ』は、知恵文学の専門的哲学への還元を完遂した。独特のふるまいをするキャラクターが、アルゴリズムのように結果を産出する議論の命題へと転換されたのだ。そこで産出されるものは、ソクラテスによるおしゃべりよりも厳密であり、それで知的に失われるものはないとアリストテレスは主張する。物語を三段論法で置き換えることで、修辞による装飾を排した。知的な実質は維持され、思考の機械的なメカニズムは失われていない。

しかし本当にそうだろうか？　ソクラテスの心理状態から非合理な部分を取り除くことで、『トピカ』において犠牲になった部分はないのか？　ソクラテスの知性を無傷で残しているのか？

もちろんそんなことはない。歴史的なレンズを『トピカ』を超えるところまで拡張することで、アリストテレスによる「対話から弁証法へ」の転換は、ソクラテスの心の働きの大きな部分を消し去ったことがわかる。

## ソクラテスの心はどのように働くか

後期古代において、ソクラテスの叡智が最も現れた言葉は「私は、私が何も知らないということを知っている」である。

この言葉がいつ、どこで発せられたのか（あるいは、まさにこの言葉が本当に発せられたのかどうか）、分かっていない。この言葉が初めて伝記に現れるのは、ソクラテスが自ら死ぬようにとアテネで判決が下ってから約六百年後の、ディオゲネス・ラエルティオスのものである。しかしこの発言が文字通りの真実でなかったとしても、ソクラテスの対話の本質をよく捉えている。その本質とはプロットのひねりである。

どの対話篇においても、読者が商人やエンタテイナー、政治家、その他の成功したアテネ人を紹介される時、ひねりが用意されている。こうした人々は、彼らが世界で達成したことからすれば、少なくとも実務的な意味で、賢いと言える。どのようにお金を稼ぐか、心を掴むか、観客を手に入れるかといったノウハウを知っているので、彼らの言うことに多少の（いや、おそらくはかなりの）

説得力を感じる。それらは生きた経験を真実に感じさせ、慎重な常識とも合致している。そしてその時点で記憶からも消えてしまう。プロットのひねりが頂点に達した時、ソクラテスは辛抱強く、しかし譲らずに、彼の対話相手の表に見える知性は実質を欠いていることを示し、こうした非実質的な考えを共有してしまう私たちを、物事の本質を露呈させる驚くような顕現《エピファニー》へと投げ込む。「私は、自分が思っているほど物事を知らない」のだ。さらには、「私が何かを知っているという確信が持てない」、あるいは言い換えると、「おそらく私が知っているのは、私が何も知らないということだろう」。

この顕現は自己アイロニー的である。自分自身を外側から皮肉な形で見ている。すなわち心理学的行動と言える。前頭前皮質が、脳の他の部分における神経ネットワークへの視野の移動を指示している。

自己アイロニーは行動であるので、ナラティブによってシームレスに処理することができる。ナラティブ自体が行動の上に成り立っているので、ソクラテス的な対話で（あるいは他の物語でも）キャラクターは、「私は私が何も知らないということを知っている」と言うことができ、そしてプロットはスムーズに進んで行く。しかしながら、こうしたプロットを、アリストテレスが『トピカ』で行ったように論理的命題へと転換しようとすると、不具合が発生する。「私は私が何も知らないということを知っている」は、「私は知っている」＝「私は何も知らない」、言い換えると「X

＝NOT　X」（Xと非Xは等しい）となってしまう。これは矛盾であり、パラドックスであり、計算不能な命題である。

こうした命題は、神秘主義においては神への「否定道」（via negativa）や、その他の合理的理解を超えた真理に住み処を見つけるだろうが、形式的な論理の世界からは排除されなくてはならない。ちょうど代数学で、ゼロで割ってはいけないといったルールと同じだ。ゼロで割ることを認めたら、代数のシステムが崩壊する。かくしてアリストテレスは、無矛盾律を作り上げた。まさに形而上学の第一法則である。『トピカ』においてソクラテスの自己アイロニーを抹消したのだ。

この抹消は、ソクラテス的精神からかなり大きなものを奪って行った。どのくらい重要なのか？自己アイロニーがソクラテスの頭脳活動の本質ではないとしても、その知性の主要な起源と言える。これがあるからソクラテスは、自分の前提を問い、内省に乏しい怠惰な詭弁から逃れたのだ。

ソクラテスの知性を削っただけでなく、私たちがそのような形の知的活動へ向かう道筋もなくしてしまった。この道筋において、ダイアローグの文学的プロットであり、そこを私たちは自らの想像力の中で歩き、「私は私が何も知らないということを知っている」という精神活動のドラマ化を促すキャラクターとしてのソクラテスに出会うのである。（あるいはよりテクニカルに言うと、大脳新皮質の中の「パースペクティブ・テイキング」（相手の立場に立って物事を考えること）のネットワークを活性化する原因となるエージェントとしてのソクラテスに出会い、私たちがナラティブおよびナレー

ターとして行為することを刺激する）

このプロセスは私たちを、遠い昔の哲学者とのロールプレイに誘う。自己アイロニーのもつ叡智を把握することを助ける。自分の考えから抜け出して、外の見晴らしの良い場所から試してみることを可能にする。

これは、アリストテレスによるプロットとキャラクターの抹消を撤回することで、私たちが達成できる精神的な働きの、ほんの始まりに過ぎない。ナラティブにおいて熟考する神経的な力を活性化することで、私たちはソクラテスをも超え、多数の心と共に考えることができる。

## 多数の心と共に考える

ソクラテスのように考えたのは、ソクラテスが最初ではない。

では誰が最初なのか？　確かなことは分からない。ただ自己アイロニーは少なくとも古代アテネから二千年、シュメールの冬と夏の神話にまでさかのぼる。神話の終わり、冬が話した後で夏は、反芻の時間を経験している。「夏はこうしたことを考えて静まった」。ここには、自らのふるまいを試すために、立場を変えて考えるという、ソクラテス以前のソクラテスがいる。

シュメールの神話で、他者の立場になって熟考するように勧めているのはここだけではない。私たちにも夏や冬の考えを試してみるよう繰り返し誘っている。「私は耕地の手入れをする…私は油で生地のツヤを出す…私は冷水で飲料を甘くする」。こうした一人称の精神行動は、ギリシアの哲学者の合理的な内省とは別物ではあるが、自己アイロニーに他ならず、語りの視点を変える機会となっている。ソクラテスの「私は私が何も知らないということを知っている」のように、頭の中の新皮質ネットワークを活性化し、物語のキャラクターの心がどのように行動するかというシミュレートをするように私たちを促すのだ。話が終わった後も、こうした心的シミュレーションは脳の中に残り、実世界での思考実験を起こさせる。「ここでの冬のように私が行動したとしたら…あるいはあそこでの夏のように？」

こうした実験は厳密なものではない。冬も夏も実際の真理を持たない虚構の存在であり。もし彼らがたとえ脳を持ったとしても、物語を読むことによって彼らの脳に入っていくことはできないだろう。ナラティブは私たちのニューロンに大きな影響を与え得るが、他の者の思考をどれほど豊かに、そして正確に描写したとしても、その思考はあくまで私たちの頭脳を通して機能するのであり、私たちの主観的な記憶、性質、バイアスによって条件付けられている。冬や夏のように行動すると想像しても、私たちが行っていることはまさに「想像」なのである。私たちの心に浮かんだ行動が、そのキャラクターが取る行動であるという確固たる根拠は存在しない。

しかしながらこうした想像は、シュメール神話の冬や夏になってみるという思考実験を無効化するどころか、特別な機会を提供するのである。私たちを「実験」（新しい行動を試す）の根源的な意味へと立ち返らせ、論理によって演繹できる真理から、何が実際に機能しているのかについて仮説を試すために私たちがオリジナルなアクター（技術的に言えばオリジナルな原因）の役割を演じることができる実験室へと、私たちを導くのだ。こうした活動の生物学的な目的は、私たちが精神的に動ける範囲を拡大することにある。シュメールの「夏と冬に関する神話」の作者が意図した語りの領域に、私たちの行動が収まるかどうかは大きな問題ではない。実際のところ、集団的なレベルでは、「夏」と「冬」という二つのキャラクターに関して、多少なりとも異なった想像へと到達する方が望ましい。そうした違いが私たちの精神活動の集合的な範囲を広げる。だから同じ論理的な結果を反復的に出力するコンピュータとは違い、私たちの脳は、組織的に枝分かれする生命の可能な行動の中で、「自然選択」に従っているのだ。

非論理的な試行錯誤するアクターの思考プロセスおよび結果は、ナラティブ認知である。すなわち、物語思考と言える。キャラクターをコミュニケーションに、思考を論理に還元したアリストテレスが見逃したものである。知恵文学の知的な要素であり、弁証法や、三段論法のNOTや、他の論理的等式には還元できない。実験的に拡張した私たちの脳のふるまいの範囲を、想像的にプロットすることへの招待なのである。

この拡張は形而上学には何も付け加えないかもしれない。メソポタミアの季節の「可能なふるまい」を推測することでは、世界の究極的な真理には近づかないだろう。しかしこうした思考には、私たちの日常での行動の項目を増やすという、現世的な価値がある。あるいは学術的には、倫理学に貢献する。シュメールの神話や専門的哲学者の出現より以前の、知的な作品がもともと持つ生物学的な機能と、私たちとを再び結びつける。

これにはアリストテレス自身も気付いていた可能性がある。『トピカ』から十五年後、『詩学』が公表された。同書の節の多いパラグラフで、アリストテレスは語りが形式論理に還元できないことを認めている。狼のうろつく丘の下に座り、アリストテレスはおそらく、ソクラテス的思考からソクラテスを抹消することについて、考え直したのだろう。

もしアリストテレスがこの「顕現」を経験したとしても、しかしながら、それは彼の哲学上での後継者たちには引き継がれなかった。彼らは『オルガノン』における「論理の形式化」だけでなく、ナラティブの抹消も称え、哲学の黄金時代を生み出し、しかし同時に、次のような問題を提起した。「もし私たちが哲学の知的な厳格さを、脳の中のプロットやキャラクターで考える自然な力を抹消するために使うのではなく、それを鋭くするために使ったとしたらどうなのだろうか?」。私たちは知恵文学の初期の洞察を超えて、形而上学が過去二四〇〇年間に議論のために行ったことを、ナラティブのために進めることができたのではないか? 私たちは私たち自身の『トピカ』『神学大全』『自省録』『純粋理性批判』『精神現象学』を、このたびは物語思考のために、巧みに作り上げることができたのではないか？

その答えは、試論だが希望のあるものとして、次章から与えられるだろう。次章以降の記述において、ナラティブ認知のメカニズムへのより方法論的なアプローチがいかにして創造的な知性を発展させ、感情的な温かさを育み、初等教育を改革し、民主主義を拡大し、人生の究極の目標である「存在する意味」に私たちを近づけるかを見出すことになるだろう。

しかし私たちの疑問を第一法則にしっかりと基礎付けるために、まず最も基礎的な問題から始めよう。物語が哲学に先行しているとして、では物語自体の起源は何であるのか？

# 第3章　物語の起源

物語の起源について、最古の説明は詩人に由来する。その中には、最初の物語は空の神聖な小屋から降りてきたと語るイロコイ族の喫煙詩人たち、最初の物語がいかに雷に触発されたものかを讃えるヒンドゥーの川の民や、カリオペーやムーサによっていかに最初の物語が発明されたかを歌う、ヘシオドスやホメロスといった古代ペロポネソスの詩人がいる。

こうした詩的な神話が多数の人を魅了した。が、哲学者は憤慨した。彼らは、物語の起源がそんな大層なものでなく、模倣にあると確信していたからである。霊長類は何か面白いものを目撃すると、それを模倣する。動きを猿真似するのである。世界の原住民の持つ物語の真の起源は、こうした「猿が見たものを真似する」のと同様のプロセスであると、哲学者たちは弟子に確信させた。英雄譚のようなものは天から贈られた発明品ではない。昔起きたことの「複写」である。もし新しいことが付け加えられているならば、それは天のビジョンのためではなく、装飾や誇張などの「チンパンジーのふるまい」のためである。

これから見ていくが、哲学者は詩人をはねのけるのにいささか性急だった。物語は文字通り神的な創造者によって作られたものではないかもしれないが、「知的な生活」を創造した（そして今も創造し続けている）原初のメカニズムへの最初の泉へたどることができる。しかしながら、「空の小屋」、雷、ムーサの神話の背後にある科学を掘り下げる前に、哲学者たちが詩人を否定したことに敬意を表し、彼らの古代の推論から私たちが得られる洞察を見ておこう。

物語の起源を考えた最初の哲学者として知られているのは、紀元前四世紀のギリシアの哲学者プラトンおよびアリストテレスである。両者とも物語の起源は模倣であるとしたが、プラトンが物語を正しくないと非難したのに対して、アリストテレスは科学の道具であると称揚した。アリストテレスは『詩学』（第2章を参照）の中でこの驚くべき賛辞を述べている。彼は物語が、人生が文字通りどんなものか、あるいは、人生が一般にどのように機能するのか、模倣できると述べている。前者の方が知的に意味があるが、アリストテレスは前者を真の識別力を欠いたただの歴史だと退け、倫理学、心理学、政治学といった実学を生むのは後者だとしている、実学は形而上学《メタフィジックス》の究極の高みには及ばないが、自然学《フィジックス》の上部には到達するとしている。

なぜアリストテレスは、プラトンが「偽物のコピー」として退けた物語に対し、高い知性を見て取ったのだろうか？　それはアリストテレスが、物語は「もっともらしさ」（plausibility）を持っていることを見抜いたからである。もっともらしさとは、本当らしく聞こえることである（たとえ実際には本当でなくても）。狡猾な策略家や、たちの悪い奇術師の草刈り場になる危険な領域に見えるが、アリストテレスにとってはそうではない。アリストテレスによると、物事がもっともらしく聞こえるのは、それが必然性の法則を模倣している時、言い換えると、物質世界の法則に従っている時である。物語がもっともらしく聞こえる時、望遠鏡やハドロン衝突型加速器のように機能する。自然のメカニズムに光を当てるように。

アリストテレスは後世の哲学者に、「もっともらしい物語」と「自然哲学」とを等式で結んだという点で非難される。アリストテレス自身が詐欺師ではないかと彼らは想像している。あるいは耄碌したのではないかと（『詩学』はアリストテレス晩年の著作で、全盛期の論理の専門書を書いた時期からはかなり経っている）。しかしこの等式は、哲学者のライバルである修辞学者《レトリシャン》には歓迎された。

修辞学者は説得の達人であった。哲学者は「何が真実か」に注力しているが、修辞学者は主として、「何が真実らしいか」に焦点を当てていた。だからこそ修辞学者は、物語がもっともらしさの源であるというアリストテレスの発見に多大な注意を払ったのだ。修辞学者の一人がそれをてこにして、世界で最も影響力の大きな人間になるのは、さほど遠いことではない。

## 修辞が世界を征服する

世界で最も影響力が大きな人物はキケロである。

キケロは紀元前一〇六年に生まれた。アリストテレスの死からは二世紀経っている。キケロは二十代の頃、修辞を学ぶことに専心した。生まれは南部の無名のヒヨコ豆農家の氏族だが、四十三歳の時に共和政ローマ帝国の指導者にまで上り詰めるという「奇術」を成し遂げた。共和政ローマのレギオン（軍団兵）は強力で、エピロスの象騎士や、ヌミディアの金を隠し持った王子たちや、カルタゴの十字架を持ったオリガルヒさえも、打ち負かした。

キケロに世界的な影響力を与えたのはローマの軍隊ではない。彼の『構想論』『弁論家について』『ヘレンニウスへ』という、弁論についての一連の著作の教えは、非常に人気を得たのである。その後二千年間にわたり、キケロの弁論術は、帝国の布告、地下パンフレット、劇場での演劇へと浸透し、王国、国家、大陸の運命をも揺り動かしてきた。その最も影響力の大きい格言は、アリストテレスの物語についての考えを反復したものであった。また、キケロは物語を「ナラーチオ」（narratio）と言い表すことを好んだ。

「ナラーチオ」は多大な影響力を持つと、当時三十代の弁護士であったキケロは主張している。単なる事実は陪審団の心を動かさないが、同じ事実でも物語に嵌めこむと、すぐさま信じられてしまう。こうした信憑性は、まさにアリストテレスが主張した理由に依るものである。物語が「もっともらしさ」を生むのだ。人間が「ありそうだ」と思うようなことを最大限利用することで、聴衆に理性よりも「ありそうだ」という感情を起こさせ、真実より真実らしく見せるという信じられない効果を達成するのである。

ナラーチオの持つ魔術の証拠としてキケロは、彼自身の最も栄光ある効果的なナラーチオの例を繰り返し読者に思い出させる。共和政ローマの自由がカティリナによって脅かされた時代のことである。人並み以上に野心的な元老院議員だったカティリナは紀元前六三年、執政官の一般投票で落選すると、あからさまな権力掌握を企てた。退役軍人の借金棒引きを約束し、反乱軍を立ち上げた。退役軍人らからなるものだが、経済的な絶望もあって意志は固かった。ローマ人はみな震撼したがキケロは違った。キケロは石造りの狭い元老院に入り、群れ集まった不安を覚える立法者を前に、物語を語った。「軍隊が市の外で野営している。ローマの軍隊が共和国に敵対している。軍隊は分ごとに増えている。二晩前に、その指揮官は私たちの中に座っている。君だ、カティリナ！　君は刃物作りの通りをすりぬけて、マルクス・レッカの家に行き、狂気と堕落の中で共犯者たちと会ったのだ」。キケロによるナラティブの力は強く、元老院はカティリナの追放を決めた。カティリナはならず者の軍隊に逃げ、軍隊はパニックとなり、変節した指揮官を捨てて退役小屋へと戻った。ほどなくカティリナは死に、彼に従っていた数人は、ピストイアの凍ったブドウ畑で虐殺された。

その後何世紀もの間、キケロの弁論術はローマ帝国、ビザンツ帝国、中世キリスト教、イタリア・ルネッサンス、エリザベス朝のイングランド、大陸間啓蒙思想、そしてついに現代のカレッジの文章講座にまで、浸透して行った。物語ともっともらしさを等値する彼の等式は、揺るぎない真理となった。キケロの文章家としての雄弁さのためではなく（それはそれで強力だが）、キケロやアリストテレスが宣伝したようにナラティヴが機能したためである。政治家、弁護士、起業家、学生もみな、「物語ほど人間の頭脳にとって真実らしく響くものはない」ということを、自力で発見しているだろう。

バラク・オバマやシェリル・サンドバーグから、あなたが出会う次代のセールスパーソンまで、影響力のある話し手は、訓練を受けたストーリーテラーとなった。世界で最も自分を売り込むことに成功したハーバード大学のＭＢＡコースでは、慎重に次のように教えている。「物語を語ることが情報を伝える優れた方法であると証明されています。単なる事実の列挙のような、物語になっていない情報と比べて、人々は物語に対して異なった処理をするからです」。

ただこうしたことは哲学者の思考をほとんど変えなかった。大部分の哲学者は、アリストテレスの批判、すなわち、物語の修辞的な潜在力は科学的正確さに匹敵するくらい、真実を歪める道具になりやすいという考えに、同意している。他方、アリストテレスの側に付く一握りの哲学者は、このギリシア哲学者の、物語は世界の根底の自然から派生したものであり、物質的な現実の心的な鏡であるという見方に従っている。

ナラティブは神の仕事だ、あるいはより高級な言葉で言い換えると、ナラティブが思考や行動のオリジナルな可能性を創造するという、詩人の古い主張を真剣に受け取る哲学者は今日、ほとんどいない。より多くの哲学者がそうすべきだと思う。というのも、アリストテレスが物語ることに見つけたもっともらしさは、物語の起源が模倣よりもはるかに深いところにあることを明らかにしているからである。それは、新しい行動、新しい主体、新しい世界さえも生み出す根源となるような深みである。

## 物語のより深い起源

キケロの修辞の格言が世界的に成功した背後には謎が隠れている。なぜ物語ることがかくも強力であるのか？　なぜナラティブは長らく、その敵対者からでさえも、コミュニケーションの強力な様式であると認識されてきたのか？　なぜ人間の脳は、生の事実や数字よりも、物語をよく受け入れるのか？

アリストテレスにとって、この謎には明快な答えがあった。世界は永遠であったからだ。アリストテレスは論理によってこの答えに到達した。第二章でも見たが、これによってあらゆるものが永続することになる。そこからアリストテレスは、物理の永遠の法則は行動を通じて表され、人間の精神が同様に永遠で、行動—学習メカニズムを含んでいることは自然だ、とするのである。アリストテレスが演繹で導き出したこのメカニズムは模倣である。アリストテレスは模倣を、観察された外的な行動を心的・内的なナラティブへと転換する、魂の生得的な道具だと見ていた。

物語ることが持つ潜在力についてのアリストテレスの説明は、近代科学によって覆された。近代科学は、アリストテレスが前提した「永続する宇宙」を自然選択という環境に置き換えて、なぜ話されたナラティブを人間の脳はもっともらしいと感じるのかという謎の扉を再び開いた。どのような生物学者も言うことだが、こうしたナラティブは、私たちの脳が進化してきた生態系にはなかった。旧人類が言語を発明する以前には、逸話も個人史もイソップ寓話もなかった。目や耳、その他の感覚器官からわずかな情報が脳に入力されていただけである。動物の脳は何億年にもわたってこうした感覚データを処理してきたが、口述の物語を処理してきた時間はその1％以下である。とすると論理的には、感覚データを処理する神経システムの方が、ナラティブを処理する神経システムよりも多くてしかるべき、ということになる。しかしどうもその逆が正しいようだ。なぜか？　私たちの古来の知性を操るメカニズムは、なぜこれほど物語という新しいコミュニケーション技術に適応できたのか？

答はこうである。私たちの脳がキケロその他の演説家によるナラティブを処理するのが得意なのは、たとえ物語が新たに進化した「コミュニケーション」の手法であっても、それは古来の「考える」という手法が進化したものだからである。それは生命の起源にまでさかのぼることができる。

原初の生命は海にまき散らされた、浮遊する生命体であったろう。その起源も多様で、漂流するウイルスの粒子だったり、窒素固定する微生物だったり、太陽光を利用するバクテリアだったりした。しかしこうした多様性は依然、浮遊するものの下位カテゴリーに留まっている。それらはまだ、食料を追いかけることも、危険を避けることもなかった。流れの気まぐれによって生まれ、波の後を静かに漂っていた。

十億年以上前のある日、行動が発展した。その初期の形態はおそらく原始的な「鞭毛」であったろう。ヒトの精子を動かしている鞭状の付属物の祖先である。最初に行動をもたらしたものが、解剖学的にどのような形態であったとしても、それが生命の将来を形作ったことは間違いない。ミクロな生命の祖先は、完全に流れに身をまかせる必要がなくなった。運命に向かって櫂をこぐことができるようになった。

この運命を変えた動きは、意識的に計画されたものかという観点からすると、意図的ではない。しかし長い年月が過ぎ、徐々にフィードバックに反応するようになった。生命体はその「肢」をとある方向へ振ってみただろう。そして何か好ましい結果が得られたなら、その動きを繰り返しただろう。ランダムな即興と、その正の強化とが相まって創造的プロセスが発生し、適応学習へと進んで行く。そして、ニューロンという新たな細胞の形を進化させることで、この学習は飛躍的に発展した。

ニューロンの始まりはまだよく分かっていない。五億二五〇〇万年以上前、ニューロンは尻尾を振らせ、口を閉じさせ、体の向きを変えさせるようになった。科学者の使う新しい言葉では「活動電位」というが、行動へとコミットすることで、ニューロンがそれをするようになったのである。樹状突起からシナプスまで、ニューロンの軸索を電位が伝導される仕組みのことだ。

鞭毛のようにニューロンはふるまいの能力を発展させ、無目的な自然発生に対応するフィードバックによって条件付けられている。こうした自然発生がニューロンの生物学に埋め込まれている。スイッチを入れた時だけ電気が流れる電線と違い、ニューロンのパルスはその独特の頻度で間断なく流れていて、他のニューロンによって統制することは可能だがゼロにすることはできない（ニューロンが殺された場合を除いて）。ニューロンは必然的に、ある程度の独立性を持っている。コンピュータの回路とは対照的に、ニューロンは入力の合計を計算するのではなく、内的なインパルスによって形成される部分を常に有している。

このインパルスの存在によって、ニューロンはただのデータの連なり以上のものになっている。行動を開始し、自らの試行を先導することを可能にするのである。ニューロンは乱雑に発火が可能で、その結果を取り入れ、発火を測定し、生産的な帯域幅の中で操作することを学ぶ。

この試行的ふるまいにおいて、まずニューロンはそれだけで作用する。ニューロンは「孤立したマッド・サイエンティスト」であり、最小限の肢への自発的な行動を行い、単純な感覚器官（おそらく肢それ自体も）からの入力を受け取っている。他のニューロンを見つけるとネットワークができた。ネットワーク化することで、さらに広く、またさらに臨機応変に、試行ができた。

## ニューロンのネットワーク

ニューラルネットワークはシナプスの進化で可能となった。シナプスはもともと、ニューロンと運動神経細胞《モーターセル》とをつなぐ「接手《ジャンクション》」だった。この接手は化学―機械的な刺激の形態を取り、それを通してニューロンがニューロン以外のふるまいに影響を与える（より詳しくは第6章を参照）。しかしおよそ五億年前、シナプスはニューロン同士が影響を与え合う道具へと進化し、最初の神経系が出来上がり、それが動物の脳の起源となった。そこからシナプスは枝分かれし、進化し、精妙な蛋白質の作動を通してニューロンが他の器官の活動を増減できるような、驚くほど多様な仕組みへと発展した（主としてシナプスから樹状突起へと影響するが、逆方向の流れもあり得る）。

こうした作動の結果、シナプスのネットワークが試行的な行動のスクリプトを生み出し、身体の動きを生成した、例えば二つの（あるいは二百の）筋肉を協調して動かすことで、鳥が飛んだり、チーターが獲物を目で追ったり、ヒトの指がキーボードを叩いたりする。そしてシナプスは自然選択の革新エンジンを拡大するのだ。自然選択とは、環境によって選び出された機能的変種を孵化させる行為と言える。ニューラルネットワークも同じだが、ひねりが加わる。つまり、その機能的変種は、再生産可能な有機体ではなく、再生産可能なふるまいなのである。このようにして適応の速度が上がり得る。新しい身体構造の生成を要求する代わりに、既に存在する組織の新たな活用方法を発見できるのである。

もっと単純に言うとニューロンは、私たちが「創造性」として知っている、心的な驚異の源泉である。創造性（creativity）という言葉は「創造」（creation）からきているが、これを成し遂げるのが自然選択、すなわち独自の有機体を作り上げることである。動物が生物学的な意味で成功する可能性を高める独自の行動を生成することによって、ニューロンはこのプロセスを構築している。こうした独自の行動は、生物学的に言えば、継承できるものではない（人間は学校や芸術といった文化的手段を通して、それを後世に伝えているが）。しかし、たとえ動物がその生き残りの可能性を上げるようなイノベーションを子孫に伝えることができないとしても、そうしたブレイクスルーを作り出すような遺伝的な適応性は伝えて行っている。だからこそ、何億年もかけて、動物の中にはより効率的に想像ができるような脳を進化させ、ニューロンの創造性の根源的な力を拡大させたものも出てきた。

ニューロンの創造性は、形而上学における自由意志の所有という点では、自発的なものではない。知覚なし、だから意図なしでも起こり得る、身体的な作動である。しかし、脳が過去に捉われていないという実際的な点では、自発的なものと言える。世界で最初の心臓の鼓動や声帯、対になった親指と同じくらい、自然ではオリジナルなものと成り得、かつて訪れたことのない場所へ旅するため肢に力を与える。

ニューロンの創造性は独自の行動という形を取るため、生理学的に「これがあれを引き起こす」という、一続きのナラティブという形で存在する。だから私たちの意識の中で、創造性は物語思考として現れるのである。物語思考は、私たちの脳が、新しい行動の連鎖を繰り返すことである。私たちは独自の行為を計画し、現在の行動による将来への影響を推定し、観察された結果から原因を仮定し、何がなぜ起こるのかを一般的に想像する。これはヒトという種だけが持つ適応のための優れた力であり、文化、科学、ビジネス、テクノロジーといった、生命を改善する大変な発明を成し遂げた。だからこそあなたも私も今生きているのであり。より良い明日を構想するための道具となっている。

近代科学の見方からすると、アリストテレスは物語について、一部は正しかった。アリストテレスの形而上学は、時間に捉われない真の知性の実質として論理を優先していたが、自然界や人間の心理の大部分は行動に従っていると見ていた。他方、イロコイ、ヒンドゥー、ギリシア等の詩人はもっと正しかった。物語が模倣を超えて創造に到ることを知っていた。神と同じように、それが独自の行動を創造でき、それが生き物を強靭に、適応的に、果ては枝分かれさせたりする。

このことは、なぜヒトの頭脳が物語を理解するのが得意なのかという謎を解く。生命は創造的行動によって維持されているから、というのが答えである。創造的行動はデータから論理的に導出されるものではない。論理的ではない試行錯誤から生じる。試行錯誤は、シナプスの即興としては知覚されずに、物語思考としては知覚的に起きる。

しかしこの答えはこれまでの答えと同様に、新たな疑問を生む、もし物語思考が創造的行動の源泉であるならば、そして、もし創造的行動がイノベーション、問題解決、回復力等の生物学的な源泉であるならば、なぜ物語思考について書かれた本がこれまでなかったのか？　なぜ学校ではナラティブ認識をテーマとして全員に教えないのか？　私たちのプロットをあたためる頭脳からより多くを引き出すとか、より広い想像を手助けするといったことを、なぜ継続的に、上手に、訓練しないのだろうか？

そして、なぜ私たちは幼稚園から大学までずっと、物語ではなく論理ばかりを訓練させられるのだろうか？

# 第4章　なぜ学校では物語ではなく、論理を教えるのか

その日は暑く、どんよりと始まった。しかし米国教育省では、教師たちがカメラに向かって陽気に、そしてクールに微笑んでいた。

二〇一〇年六月二日である。微笑んでいる教師たちは、一九九〇年代に起源を持つ教育構想で、先駆けを務めた人々だった。九〇年代の初め、米国の指導者たちはソ連崩壊に浮かれていたが、九〇年代の終わりには、超大国である米国が次に倒れるのではないかと苛立っていた。世界の序列においてトップでいたいのならば、米国の学校は、世界で最も賢い科学者、兵士、銀行員、エンジニア、政策立案者を量産しなくてはならない。しかし逆の方向に向かっている兆候が既に出ていた。高校生の読解力や数学のスコアが、ヨーロッパおよびアジアの国々と比べて下がっていたのだ。この「知性戦争」に勝つために、米国は大胆な教育改革に着手することを誓った。それは最先端の初等教育カリキュラムから始まった。

その成果がこの日、ワシントンDCで発表されていたのである。明るい、エアコンの効いた場所で、教師たちが必要と考えたのは「コモン・コア」だった。これは一八八〇年代の英国で噴出した

論争の、「進歩側」の議論と似ている。当時は大英帝国の最盛期だったが、一九九〇年代の米国と同様に、帝国の富と影響力を維持するためにどのように若者を教育するのが良いか、という問題が生じていたのである。

論争の一方には、オックスフォードの古典学者であり、視学も務めたマシュー・アーノルドがいた。彼は叙事詩や演劇といった文学作品を学生に教え込むという伝統的な教育（ルネサンスの人文主義者や、さらにはビザンツ帝国の教育者、古代ギリシアのソフィストまで遡る）の推進者だった。こうした文学作品には文化が、すなわち、正しく考え行動する方法が染み込んでいると、アーノルドは確信していた。フィリップ・シドニー卿が一五八〇年に『詩の弁護』で巧みに主張したように、文学は歴史の生き生きとした特異性と、哲学の有徳な一般性とを結びつけたものであり、道徳的真実へ向かう心地よい階段となる。

他方には独学で比較解剖学者となったトマス・ヘンリー・ハクスリーがいた。彼は商業、工業、医療といった新たな実学（一六二〇年代にフランシス・ベーコンが『ニュー・アトランティス』で概略を示している）にこそ未来があると信じていた。アーノルドが擁護するシェイクスピアの作品群に浸らせるよりも、科学、技術、工学、数学（この四つは後に、頭文字を取ってSTEMと呼ばれる）といった新たな学問領域に焦点を当てるべきとした。

米国の「コモン・コア」の教師たちはハクスリーに賛成し、新しいカリキュラムの中心に

STEMを掲げた。そうすることによって、シェイクスピアその他の文学作品の場所は狭められ、今日の米国の学生たちは学校で物語思考を学ぶことはなくなったと思うかもしれない。しかし実際には、物語思考の観点からすると、コモン・コアでSTEMが重視されていることは問題ではなかった。むしろ問題は、コモン・コアで取り残されている文学的物語にある。

こうした物語は、「言語芸術」という見出しの下に維持されているが、この見出しについて特に議論にはならなかった。ワシントンの教師は誰もその適切さを疑わなかった。それには理由がある。米国中の（およびヨーロッパの）中、高、大の国語教師の間の圧倒的なコンセンサスを反映していたのである。反対者の唯一の不満は数として非常に少く、完全に同調していなかったため、それによって規則があることを証明する例外の典型的な例だと思われた。

この反対派には一九三〇年代にシカゴ大学文学部で始まったものの広い支持は得られなかった学問運動の残党が含まれている。コモン・コアの時代には、この「シカゴ学派」の米国学界における影響力は既に極めて小さくなっていたが、完全に黙る気はなく、残ったメンバーは「なぜコアでは文学作品のことをナラティブ芸術と言わずに言語芸術と呼ぶのか？」と声を上げていた。より直接的に言うと、「なぜシェイクスピアの作品を物語としてではなく意味論で分析するのか？」ということである。

この疑問は、コアの設計者にとっては、奇妙、さらに言うと悪意のあるものだと感じられた。彼らにとってその答えは簡単で、ナラティブは言語で構成されているから、である。（1）シェイクスピアの作品は単語の連なりから成る戯曲として印刷され、（2）単語は言語であるという確固たる事実があり、この二つから演繹されるのである。

しかしそれがいくら自明に見えても、シカゴ学派による疑問は残る。物語を言語として扱うことによって、コモン・コアはまさにシカゴ学派が告発したことを行っているのだ。それはナラティブの抹消である。

## コモン・コアによるナラティブの抹消

この「抹消」の起源は、ケンブリッジ大学（のちにハーバード大学に移動）の文学の教授であったI．A．リチャーズにさかのぼる。彼は前述した「ワシントンの教師」の一員ではない。それより三十年前、リチャーズは一九七九年に亡くなっている。当時の米国は、中国のSTEMよりもソ連の核について心配していた。しかし、コアの「ナラティブ」より「言語」を重視するという選択を、正当化する根拠を与えたのがリチャーズである。彼は論理（正確には論理の一部）を、「記号論」として発展させたのである。

記号論とは記号論理を言語に適応するものである。その先駆をなしたのがアリストテレスの『解釈について（命題論）』で、これも『オルガノン』の一部を成している（第2章を参照）。こうした初期の段階から、記号論は競合するような理論を含んでおり、良くも悪くも多様な視点を生み出してきた。そうだとしても、その象徴記号論理における「祖先」（および解釈学的な「子孫」）は広く一貫した方法論を提供している。その方法論は、テクストを命題の集合として扱い、主語と述語の間を同一性を表す等式で結ぶ（例えば、人間＝合理的動物）。このような命題を、アリストテレスによる三段論法の規則（AND、OR、NOT）を適用した、テキストが主張していることは何か、あるいはさらにわかりやすく言えば、単語が何を意味しているのかを表す、真実の言説を生み出すものとするのである。

これを書かれたナラティブに適用すると、記号論は大きく分けて三つの結果を生み出す。

1　小説、戯曲、寓話、叙事詩、映画、その他の物語を、象徴記号の集合として扱う。象徴記号というのは、最も基本的には、印刷されたページ上の単語である。しかし同時にしばしば、アイディア、姿勢、傾向、社会集団を意味するために使われる、詩的イメージや文化表象も含まれる。

2　文学作品を真理を主張する媒体に変える。こうした主張は、自然、人間の心理、社会、倫理、形而上学ほかあらゆる事柄に関連するが、それは「何が真で何が偽か」に関する言明であるため、しばしば「何が正しくて何が誤りか」に関連し、イデオロギーや道徳にまで拡張して行く。
3　右記の2を1から導出する論理的テクニックは「解釈」として知られている。すなわち、物語の鍵となる象徴記号を同定した後で、記号論はこうした象徴記号を議論、テーマ、アレゴリー、モチーフ、その他の意味の命題的な形態へと、「解釈」を使って転換するのである。

解釈は幅広い歴史を持っている。アリストテレスの『解釈について』の形式的な記号論を超えて、インドの青銅器時代のリグ・ヴェーダの注釈者、周王朝の詩経の編纂者、ヘブライ語聖書のグノーシス主義の注釈者、イソップの動物寓話まで。しかしこうした代替的な伝統もみな、同じ基本的な3-2-1という、ナラティブを象徴記号的な意味へと転換するプロセスに従っている。I.A.リチャーズの場合、彼の3-2-1は記号論の主流に直接由来するものであった。

この主流は、四世紀の書簡（ベツレヘムの丘の下の洞窟に収められていた）に由来する。キリスト教神学者の聖ヒエロニムスが記した「翻訳の最高種について」と題する書簡である〔日本語訳は高畑時子訳「翻訳の最高種について」近畿大学教養・外国語教育センター紀要6 (1). 2015. pp.153-171〕。それが中世型大学においてアリストテレスの論理と結合した。そこでは勤勉な修道士が三段論法を使って『ベーオウルフ』、『オイディプス』、『アエネーイス』から道徳のアレゴリーを抽出していた。十九世紀には影響力の大きな二人の論理学者、フェルディナン・ド・ソシュール（一八五七―

一九一三）とC．S．パース（一八三九―一九一四）によって、この分野は再び活性化した。一九二〇年代の初頭には、リチャーズは「記号論こそが文学を分析する唯一の合理的で妥当な方法である」と確信していた。記号論があまりにも合理的で妥当であったため、当時の文学研究で最も人気のあった、「性格批評」として知られるアプローチは、一掃されなくてはならないとリチャーズは考えたのだった。

性格批評は論理的ではなく、それ自体がナラティブである。他の人々のふるまいに対して人間の脳が持つ生物学的関心が、その根源にある（第2章を参照）。この関心が、十七世紀の劇場の観客や十八世紀の小説の読者に、なぜドラマの登場人物がそのように行動したのかを問うことを促した。十九世紀ドイツのロマン派（例えばA．W．フォン・シュレーゲル）やイギリスのヴィクトリア朝（例えばA．C．ブラッドリー）の人がハムレットや、マクベス夫人や、その他の登場人物の行動を詳細に分析することにつながる。この分析は因果という思考を使っている。登場人物の表に現れた行動を抜き出して、その背後の私的な動機を仮定するのである。

その結果得られる推測は、当然のことながら、一つにはまとまらない。例えばハムレットの行動の動機について、多数の学者や役者、一般の人々が異なった意見を持っている。しかし性格批評は広く浸透していて、ヨーロッパの講演ホールや読書クラブでは当然とみなされていた。ただしそれも、リチャーズが性格批評には欠点があると、記号論を使って証明するまでは、の話である。

この欠点はナラティブ自体が抱える難問を反映している。

## ナラティブの抱える難問

その問題とはナラティブとデータとの関係である。

データは論理の「血液」と言える。それは帰納によって「血管」の中を巡り、演繹によって送り出され、議論、解釈、批判的思考といった「筋肉」に「酸素」を送りこむ。

しかしナラティブにはそのようなデータとの関係が存在しない。想像による推測のようにナラティブは事実を飛び越えることがある。文学作品に見られるように真理から自由である。反事実的思考のように現実と矛盾することもできる。

データから独立していることが、ナラティブの持つ創造の力の根源である。ナラティブが物事が「どうあるか」を振り捨てて、「起こり得ること」を発明できるのはそのためである。だからこそナラティブは新たな道を行き、独創的な明日を迎えることができる。それが世界を予め決められたものではなく、ナラティブが作り直すことができる理由だ。

しかしこの「データからの独立」は同時に、省略、偏向、完全な捏造などを通した、現実の計り知れない歪みの元でもある。こうした歪みはあなたが今持っている本にもある。本章において、コモン・コアに関わった教師たちをひとまとめの主体として軽々しく書いているのも、ナラティブである。実際の教師たちは一人一人違っており、考え方もプロとしての経験も多様だろう。前章においてナラティブは、物語思考をニューロンの発展の進化プロセスの頂点だと提示してきたが、自然選択は方向性を欠いた盲目的な、無意識のプロセスである。その前の章では、ナラティブはアリストテレスの頭の中で、彼の思考を露わにするために「閃いて」いるが、ナラティブは、単なる推測である。

事実との関係がゆるいことが、プラトンが物語を批判した理由となっている（第2章を参照）。同じようにI.A.リチャーズは性格批評を拒否した。性格批評はロマン派によって採用され、ハムレットの独特のふるまいは、彼の「抽象化」（例えば「過剰思考」）という心的習慣によるものだと結論付けた。しかし、その根拠とされるものは、ハムレットが恋人の風変りな父との会話で一度だけ使った「抽象」という単語、一つだけである。これは「論理」の基準からすればデータではない。サンプルサイズ1つの現象であって、統計的な有意性を持たない。リチャーズが指摘したように、二十世紀初頭の文学研究が、数学や道徳科学の厳密さを備えた「本当の」科学と見なされなかったのは、不思議ではない。文学研究は学問的に周縁と思われていたので、ケンブリッジ大学では公的な予算が得られず、リチャーズは教室に集まる学生たちから授業料を徴収しなければならなかった。

記号論のおかげでリチャーズは、こうした屈辱的な地位を逃れ、文学研究を、計算および分析哲学の特質を持つ論理的な道具へと昇格させた。記号論では、文学研究の実質は登場人物の性格およびその行動ではなく、言葉とその意味だと主張した。こうした意味を演繹するため、記号論は読者に、ナラティブを象徴記号へと転換することを教えた。そして象徴記号を命題だと解釈するのである。リチャーズはこれを「クロース・リーディング」と呼び、ケンブリッジの学生は啓示のように受け取った。聖書の文章や韻文の記号論による分析や、ハムレットのクロース・リーディングは、印刷されたテクストを、真実の言明が隠された源に変えた。

クロース・リーディングの論理的な手法は、信じられない速度で高等教育を掌握していった。それはリチャーズによって『意味の意味』（一九二三年、C.K.オグデンと共著）、『文芸批評の原理』（一九二四年）、『実践批評』（一九二九年）で詳細に論じられたあと、世紀半ばの欧米でニュークリティシズムを自称していた学者たちの支持を集めた。ニュークリティシズムは戦後米国で影響力を増し、大衆向けの教科書（ジョン・ランサムの『ニュークリティシズム』（一九四一年）や、クリアンス・ブルックスの『よくできた壺』（一九四七年））が出版され、学界内での地位も着実に上昇した。一九七九年、イェール大学は総長にニュークリティシズムの研究者を任命し、一九九一年にはハーバード大学もそうした。

一九七〇年代以降、ニュークリティシズムは新たな理論パラダイム（脱構築、精神分析、ニューヒストリシズム）の台頭による挑戦を受けるが、それでもリチャーズの核となる主張「文学作品は言葉、表象、その他の象徴記号的内実によって構成されており、命題的内容を産み出すために分析可能」については揺るがなかった。文学研究が歴史、批評理論、マルクス主義、認知科学などの学問分野の折衷的な配列の中へと吸収されても、こうした「解釈学」はみな、文学作品が（明示的あるいは暗示的に）言っていることを述べたり（あるいは批判したり）するために使われた。文学が「いかに」解釈されるかという点について学者たちは熱心に論争したが、この不一致の深層にある「文学は解釈されるべきだ」というコンセンサスにおいて、彼らは結びついていた。

このコンセンサスは、（ちょうど聖書解釈学が十六世紀に分裂したように）二十世紀に分裂した文学研究を、結びつけた。競合する学派に分かれていたが、記号論は共有していたので、終わらない論争の根底には実際的な知的スキルがあると主張することができたのである。「解釈」（読者が書かれたテクストや、歴史的事実や、身体による身ぶりや、政治的言明や、科学的な主張、その他のデータポイントから意味を抽出することを可能にするもの）に加えて、「論証」（異なる解釈同士を重み付けし論ずることで生成される）および「批判的思考」（偏向した、あるいは性急な解釈による論理的な間違いを同定することから生成される）も存在するようになった。

二〇一〇年、こうした学界内でのコンセンサスがコモン・コアの基礎となった。コモン・コアを立案した人々は、言語芸術は学生に「クロース・リーディング」を教えることで「批判的思考」を発展させると、明示的に指示した。これはI.A.リチャーズの「クロース・リーディング」のことだが、ニュークリティシズムを超えてより広いテクスト分析の手法へと届かせるために、戦術的に言い換えられている。リチャーズおよびより広い手法と同じように、コモン・コアでは論理、解釈、論証、データを裏付けにした推論を強調している。

テクストが明示的に述べていることを決定し、そこから論理的な推論を行うために、丹念に読む《リード・クロースリー》。テクストから引き出せる結論を支持するために発言もしくは執筆する際には、文章内の特定の部分を証拠として引用する。

テクスト内で使われているように、技術的、共示的、具象的な意味も含めて、単語やフレーズを解釈する。そして、特定の単語の選択がいかに意味や語調を形作っているかを分析する。

テクスト内の議論や特定の主張を描き出し、推論の妥当性や根拠の適切性および充分性を含めて評価する。

かくして、リチャーズが指摘したナラティブの欠点は消去され、米国の教育のレベルが上がり、国家のグローバルな優位を堅持する。

こんな風に米国教育省は確信しているのだろう。しかし教育省は、リチャーズによる方法を、あまりにも過信している。ナラティブを記号論で置き換えることで、コモン・コアは文芸に関する授業をより論理的にするかもしれないが、その結果として米国の学校制度が良くなるとは限らない。それどころか生徒から、文学の持つ教育上の利点を十分に発揮する機会を奪うことにつながる。

## 記号論が見失っているもの

ナラティブを論理で置き換えることで、記号論は詩、小説、戯曲が教えられることの大部分を抹消してしまう。これはリチャーズ以前の文学の起源を振り返って見れば明らかとなる。

記号論によれば文学 literature の起源は、ラテン語の Litteratura であり、これは「文字にされたもの」、言い換えると「書かれたもの」を意味する。しかし書かれる前、文学は口承的なものだった。印刷されたテクストや、アルファベットの文字は、詩人や脚本家、神話作者の劇的なパフォーマンスを記録する手段として、その後に生まれたものである。ゆえに「この記録によって何かが失われたのか」という問題は、問うに値する。

この問題は、「書くこと」の人類学的な起源を掘り下げることで答えることができる。書くことは五千年以上前に各地の文明で独立して発明されたが、商取引を記録した商人、政治的契約を文書化したい摂政、古代の儀式を維持したい聖職者などが、記録を残す手助けだった。言い換えると記憶のための道具だった。現実を表す独立した道具としてというよりは、人間の脳がものを思い出す手掛かりとして、案出されたものである。そこには「物」や「出来事」が含まれていたので、文書では名詞と動詞が別に発展した。もちろん両者とも言語としての性質は共有しているが。機能が違う。存在するために名詞に必要なのは空間だけである。他方動詞は、時間を要する。

この違いが重要なのは、文書は（他の記号体系と同じように）時間ではなく空間の中でのみ存在するからである。それで、名詞が出来事を具体化するようには、動詞は出来事を具体化できない。歴史をアルファベットの発達前までさかのぼり、「書くこと」を古代に絵が彫られたり描かれていたところまで戻せば、その違いは視覚化できる。絵は例えば「樹木」「人間」といった物を捉えることができるが、「樹木が成長する」「人間が走る」といった出来事を捉えることはできない。こうしたことを表現するには二、枚、の絵がいる。一枚目で低い木を、二枚目で高い木を描く。一枚目で脚がある位置にいるところを描き、二枚目では脚が進んだ位置にいるところを描く。二枚の絵は物理的な出来事を捉えてはいないが、それでも二枚の絵の間にある隙間での行動を示している。もしこの隙間を第三の絵で埋めても行動を捉えたことにはならず、行動が起きた時の見えない二つの隙間を作るという結果になる。

もし行動が文書で捉えられないのであれば、行動はどこにあるのだろうか？　答えは「その文書を読む人間の脳の中」である。脳のナラティブ機構は行動で考えるので、樹木が成長するとか、脚で走るとか、動詞で示されるような動きを覚えていて時間の要素を再構築できる。ヒトの脳の機構はこれを自動的に行っていて、私たちの大部分にとって、ナラティブが印刷された本や巻物に含まれていない、といったことは思いつきもしない。ナラティブは自明でそこにあるので、「シェイクスピアは単なる言葉である」といった直感的だが間違った信念が生まれてしまうのだ。

　この間違った信念は、十九世紀の性格批評にしたがってシェイクスピアを読む場合には特に何の影響もない。その「物語思考ニューロン」は、「ハムレットの台本はその劇作家の身体的想像力によって十分に複製された」との意識的な信念によって、妨げられないからである。しかしながら、リチャーズが台本を記号論および論理的な装置を使って分析すると、巨大な不具合が発生した。台本の静的な象徴記号を欠いた行動を呼び出すためのナラティブ機構がない。こうした象徴記号を文字通りに読むことができるだけであり、台本の動詞が読者の脳を刺激する目的で書かれた物語の要素、すなわち、俳優、出来事、ドラマティックな葛藤といったものを無視している。

　リチャーズが文学をもっと厳密に分析すべきだと主張しているとしても、彼はこのように文学のオリジナルの構成要素の大半を見失っている。同じように、コモン・コアの関係者が「物語、ドラマ、詩、神話の詳細な読解」を強調していても、それはただのいいとこ取り《スキミング》に過ぎない。文学を言語に転換し、記号論を使って言語を分析することで、米国の未来主義的なカリキュラムは、四次元のナラティブを、二次元の命題へと押し潰して、登場人物は表象へ、プロットは議論へ還元する。ふるまいはテーマに、出来事は意味に、行動はアレゴリーになり、シェイクスピアおよび私たちのグローバルな図書館が精巧に産み出してきた精神活動の大部分が消されてしまう。

ここで、前章の末尾に置かれた質問への答えを書いておこう。なぜ物語思考は学校で教えられないのか？　物語思考は物語を必要とするが、この百年間、私たちの教育機関は、世界で最も強力な神話、演劇、小説、伝記、映画、漫画から、体系的に物語を抹消してきた。哲学者が五千年前に知恵文学を抹消したように（第2章を参照）。

データで駆動する論理が、賢く豊かな人生を送るために必要なただ一つの心的道具であるという、リチャーズや哲学者たちの考えがもしも正しいならば、こうしたことは全く有益だろう。しかし次章で、それは間違いだということを追究していく。

# 第5章　論理の限界、あるいはなぜ私たちは依然として物語思考を必要とするのか

「精神疾患は論理の崩壊である」という啓示が、ドイツ帝国の統合失調症患者の中から顕現した。この啓示は若い医師を恍惚させた。ほどなくその恍惚は広がり、さらに白熱を帯びた。

社会における狂気――戦争、不正、貧困――は、精神をより論理的にすることで治療できる。より論理的な精神は、「コンピュータ」として知られる、ヒトの脳のより賢いバージョンである。

コンピュータは自分を改良できるまで賢くなり、あらゆる場所が合理的な天国になる。

これは歴史上の様々なユートピア的ビジョンに匹敵し、二十世紀末には「シンギュラリティ」として知られることになる。未来に希望を託す魂や、信心深い世代にとっては、これが真の宗教のように思えた。しかし不幸なことに、こうした啓示は全て間違っていた。

なぜ間違ったかと言えば、知性は論理に還元できるという信念に基づいていたからである。しかし論理はたとえ強力であっても、そして「何であるか」は計算できても、「起きるかもしれないこと」は計算できない。未来についても、過去の一つのバージョンとして理解することができるだけである。だから、ボードゲームや、数学によるシミュレーション、中世の神学、計画されたコミュニティ、仕組まれた経済、その他「不変の規則を持つ人工的に区切られた環境内」においてのみ、生き残ることができる。従って変化には反応できないし、新たに出現した驚異には適応できない。新しい機会を利用することも、不確実性に対処することも、不安定性を操作することも、技術革新や成長も、できないのである。

こうした論理の持つ操作上の限界は、なぜAIがチェスで人間を破ることができるのに、なぜ小説を書いたり、技術革新を起こしたり、科学研究をしたりできないのかを説明する。さらに、前章で説明した「コア・カリキュラム」などの教育改革がなぜ失敗したのかも分かる。記憶すること、証拠を基にした推論、批判的思考、設計、その他論理的なスキルを重視することで、こうした教育改革は生徒が「コンピュータのようにふるまう」ことを導いている。しかし人間にとってこれは二重に間違っている。

第一に、ヒトは決して、コンピュータのようには計算することはできない。コンピュータ内のシリコンによる回路は、論理的にデータを処理することにかけてヒトが追いつくことは今後もないだろう。であるのになぜ、将来世代の子供たちが学校で「二流のアルゴリズム」になるための教育に多くの時間を割かなくてはならないのか？

第二に、論理の教育に焦点を置くことによって、ヒトの知性の主たる根源である計画作成、仮説の想像、物語思考による行動を発明する神経的プロセスと言った事柄がおろそかにされてしまう。創造的な問題解決、イノベーション、その他コンピュータにはできない他のナラティブな行動について準備させないまま若い世代を送り出すことにつながる。子供に基礎課程の十二年間ドリルをやらせた後で計算機を渡し、ガンを治療せよと言っているようなものである。その子供の知っていることは、道具の方がよく知っているし、必要なことができるだけの能力は与えられていない。

もしあなたがこれらのことを既に確信しているのならば、言い換えると、もしヒトはコンピュータとは違って非論理的、非魔術的な思考ができ、それによって適応やイノベーションが可能になるということを知っているのなら、この後の記述は飛ばして次の章に進んで下さい。次章では物語思考を作動させる脳の仕組みを探求し、ＡＩの支配ではなく人間の民主制に頂点を置く異なった教育的アプローチでその機構をいかにアップグレードするかを発見する旅へ進んで行く。

しかしもしあなたが別の考えならば、つまり、論理によって世界のあらゆる問題を解決可能で、未来は「設計思考《デザインシンキング》」にあり、コンピュータがいつの日か人間に取って代わると考えているならば、以下に述べる、若い医師と、彼に現れた啓示にまつわる物語から読んで下さい。

## 若い医師の啓示

その若い医師の名前はアイルハルト・フォン・ドマルスと言った。

ドマルスは一八九三年一〇月一二日に、ドイツ帝国内のザクセン王国で生まれた。彼はそこで第一次大戦を生き延び、イエナ大学で神経学を学んだ。一九二二年、彼はライン川沿いの町ボンに移り、ある精神病院で働き始めるが、その病院は財政状態が悪く、ヒステリー、塹壕のトラウマ、統合失調症などの患者が絶望的な状況に置かれていた。ドマルスが失望したことに、彼が学校で熱心に覚えた治療法は、患者には役立たなかった。それで彼は、過去の世代の治療法には背を向け、新しい治療法を求めてワイマール共和国のバウハウスのジャズ・キャバレーを渡り歩き、東へ向かった。

フライブルクで彼は、論理的観念論者のエトムント・フッサールや、解釈論的存在論者のマルティン・ハイデガーから学んだ。ベルリンではヴォルフガング・ケーラーとマックス・ヴェルトハイマーの下でゲシュタルト心理学を学んだ。そして最後には、プラトン主義者転じて経験主義者となったカール・シュトゥンプの下でこれまで学んできたことをまとめ、人間の理性と正確な神経解剖学的メカニズムとをつなげる未来の科学を夢見た。そうした未来の科学によって、医師は戦争神経症に陥った退役軍人の神経系を直し、精神病者を真の哲学者に変え、憎悪や暴力の原因となる神経系の失敗を根こそぎにできるだろうと。

こうした考え方は目を見張らせるものではあったが、一般には無視されてきた。ダマルスは大西洋を跨いだイェール大学で、博士号取得のための奨学金を得た。イェールでダマルスは彼自身と同じくらい変わった知性の人に出会った。

その人とはウォーレン・スタージス・マカロックである。一八九八年にニュージャージー州の敬虔な家庭に生まれたマカロックは、若いころ聖職者になりたいと考え、十代後半でフィラデルフィアのクェーカー教徒とともにハバフォード大学に学んだ。一年生の時、彼は聖なる牧草地に残響が渡るのを訊いた。「ヒュー！　ボン！　バン！」。第一次大戦がフランスまで達し、この産業的紛争――マシンガン、野外ラジオ、携帯型X線撮影装置をともなう――は、科学的革新の先駆けであると信じるようになっていた。マカロックは平和主義者の教師たちの下を去り、一九一八年、海軍教官としてイェール大学に参加した。

イェール大学はヨーロッパでの戦闘が終わるより先に、マカロックを木の黒板のある教室へと歓迎した。しかしマカロックは、彼の未来志向の出口を、心理学における緊急実験の教義に見出した。そこでは好奇心に満ちた心に、好戦的になることなく、より臨床的なやり方で、人間性を高める機会が与えられたのである。哲学を主専攻、心理学を副専攻に選んだ後、マカロックはコロンビア大学の大学院に入り、心理学の修士と医学の学位を取って、イェール大学の神経生理学研究に戻る。

大恐慌で賃金が低下して起きた建設ブームの中で、マカロックはダマルスと出会った。

この二人の医師は、哲学と心理学とは融合すべきだという信念を共有しており、急速に絆を深めた。マカロックは以下のように定式化した「数とは何か、ヒトがそれを知っているかもしれない、では数を知っているヒトとは何か？」。ドマルスはもっと短くまとめた「正気＝論理」。

熱心に演算を進めながらマカロックは、一九三〇年代初頭ドマルスの、ドイツ語、ギリシア語、ラテン語、英語が複雑に入り混じった博士論文を、健康な人間の認知の「論理構造」という本へと翻訳することを手伝った。この本は後に、ＮＡＳＡと米国空軍の援助を受けて出版され、彼らが共に作り上げていくものの将来における成功を感じさせた。二つの尋常でない知力はニューヨークのロックランド・アサイラム（ロックランド精神療養所）へと向かい、そこでマカロックは癲癇《てんかん》の電子工学を掘り下げ、ドマルスは収容者たちが行う演繹推論の細部を、辛抱強く説明しようと努めた。

統合失調症は、三段論法における命題の、媒概念（middle term）を処理する脳障害から発しているとする信念（「フォン・ドマルスの原理」と言われる）にこだわり、ドマルスは次第に明晰さを失っていった。しかし、人間の脳は論理処理機だとするドマルスの信念をマカロックは持ち続け、学界において一つの道を示した。一九三〇年代末、マカロックはイェール大学の人間関係研究所に入り、クラーク・L．ハルのセミナーに出席した。ハルは、バートランド・ラッセルが数学を論理に還元したことに影響を受け、同様のことを心理学で行おうと決意した。一九四一年、イェール大学での資金が切れるとマカロックはシカゴのイリノイ大学に移った。イリノイ大学は彼に、有毒とされたインシュリンの投与で統合失調症患者にショックを与え、論理的に思考するようになるという（後に非難される）学説を試験するための実験室を提供した。

シカゴでマカロックはもう一人、尋常ではない知力の持ち主と出会うことになる。最も並外れた知力と言ってもいい。

## 最も並外れた知力

それはウォルター・ピッツの知力である。

ピッツは放浪の独学者で、一九三五年、齢十二歳にして、デトロイトの公共図書館に丸三日間とじこもり、バートランド・ラッセルの共著である大著『プリンキピア・マテマティカ（数学原理）』を熟読した。ピッツはこの複雑な著作の持つ密度に魅了されたが、同時に厳密さを欠いた部分があると感じ、この早熟な若者は計算上の不備をリストにしてラッセルに手紙を送った。ラッセルは感銘を受け、彼と論理学を共同研究するためにケンブリッジ大学に招いたが、ピッツは招待を断った。その代わりに自分自身の知性に自信を持ったピッツは公共図書館に戻り、論理学の最初の真理をアリストテレス『オルガノン』のギリシア語原典から吸収した。この類い稀な知性は十五歳の時、ホームレスになった。サンスクリット語の哲学論文をピッツが精読しているのを見た無学な父親が、黒魔術狂いになったと判断して、家族で住む家からピッツを追い出したのである。

　ピッツの人生の次章は、一九九七年のハリウッド映画ロマンス大作『グッドウィル・ハンティング』にもインスピレーションを与えただろう。しかしピッツにとっては幸福あるいは魅力的なことではまったくなかった。ピッツはシカゴ大学に行き、一九三八年、客員教授で来ていたラッセルの講義に密かに出席した。ラッセルは、すべてを失った十代の少年を発見して驚いたが、ウィーン学団のルドルフ・カルナップとの仲を取り持ち、カルナップはピッツに大学の用務員の職を提供した、ピッツは教員団の近くにいられる職を感謝して受け入れたが、しかし彼の心は徐々に内向きになっていった。孤立して偏執狂気味になり、深酒を始め、それから二十年後、生き急いだかのように、食道からの出血で亡くなった。

　このように運命の下り坂を滑り落ちていたピッツだったが、幸運と思えることが舞い込むこともあった。一九四二年、シカゴ・コロキウムで、ピッツは着任したばかりのマカロックと運命的な出会いをした。マカロックはピッツの型破りな知性に感動し、ヒンスデールの田舎にある家にこの十九歳の青年を迎え、寝床を用意した。マカロックの子供たちが寝た後、二つの尋常でない知力はその独特の考え方で交流し、混じり合い、一年後、世界を驚愕させる論文を産み出した。

タイトルは、「神経活動に内在する概念の論理的計算」で、『数理生物物理学会報』誌に掲載された。「神経での出来事や、神経間の関係は、命題論理を使って扱うことができる」と主張したのである。別の言い方をすると、ヒトの脳というハードウェアに組み込まれたOSは、アリストテレス『オルガノン』のAND-OR-NOTを使ってモデル化し得る、ということだ。

ピッツのギリシア哲学のノウハウや、マカロックの数理論理的精神医学に通じていない読者は、この言明を理解するのにある程度の時間がかかっただろう。しかし理解すると驚きで眉毛が上がったに違いない。もしピッツとマカロックが正しければ、二つの驚くべき結果が得られる。一つ目は、ダマルスの直感「正気の精神は純粋な記号論理で考えている」との証明になる。健康な脳は、帰納・演繹・解釈その他の三段論法のプロセスをたどる、ということを意味する。さらに、人類が科学、技術、芸術、ビジネス、政治、文学といった分野で成し遂げてきたことは、AND-OR-NOTの式に還元可能ということまで意味するのだ。こうした式からアインシュタインの物理学、シェイクスピアの戯曲、ニコラ・テスラの発明品、ヴァン・ゴッホの絵画、J. P. モルガンの富、米国建国の父たちの共和国など、人類が作り出してきた最も輝かしい成果のすべてが生み出された。

第二の驚くべき結果は、人間の輝かしい精神と同じように考える機械を作れる、ということである。記号論理の従う規則は畢竟、電子ゲート装置によって具体化され得る。こうした装置がアインシュタイン、シェイクスピア、テスラといった偉人と同様に考えるよう、プログラム可能なのである。さらにこの装置は自分を向上させ得る。アインシュタインの方程式、シェイクスピアの台本、テスラの設計図、さらにデータなどを学習させて、論理的に帰納、演繹、解釈させることで能力が向上し、最後には完璧なアルゴリズムが完成する。デジタルのスイッチが動くたび、世界には究極の科学、究極の技術、究極の政府、究極の文化、究極の芸術が溢れ出すだろう。ユートピアは論理的に差し迫っている。

こうした考え方は眩暈を引き起こし、最初は現実とは思えないだろう。世界は論理の短絡に苦しみ、ボンの統合失調症患者の夢に加わった。しかし、ピッツとマカロックの論文は全く現実であり、その後ほどなく、さらに現実的なものとなった。三年後の一九四六年、アインシュタイン・シェイクスピア・テスラ機械が作られたのである。

## 合理的な意味生成機械

ヒトの知性が自動的な記号論理処理機に還元可能と提案したのは、ピッツとマカロックが最初ではない。

この提案はピッツ自身の修士論文に始まるが、アリストテレスの『オルガノン』が既に、単語が認知の原型を表しているとする、ヒトの言語に関する理論を提示している。この理論によれば、ヒトの知的な思考は、自動計算で処理され得るような普遍的象徴記号で表現可能であり、ヒトの心（少なくとも熟達した哲学者の心）は一般的論理エンジンだとされる。

この知性観は中世ヨーロッパを支配するドグマとなり、例えばトマス・アクィナスのような『オルガノン』を読んだ修道士が、神の精神を、全知で合理的な計算機として想像した。中世神学の破綻後は、啓蒙哲学として再生した。

・一六五五年、トマス・ホッブズは『物体論』の中で、人間の知性は加算と減算のオートマトンだとする。「推論によって私は計算を理解する」。

・一六六六年、ゴットフリート・ライプニッツは二十歳で（ピッツが自身が魅惑されているものを知ったのも二十歳だった）論文「組み合わせの技術について」を執筆し、人間思考の象徴記号言語をあらゆるもの関する究極の真理へと噛み砕く論理的な機械仕掛けの精神機械が実現できるとの理論を打ち建てている。

・一八五四年、イギリスの一匹狼の論理学者ジョージ・ブールが「思考の規則」の中で、人間の理性はアリストテレスの三段論法の機械的反復である代数的方程式として要約できると主張した。

マカロックとピッツの基本的なアイディアは特段新しいものではなかったが、良いタイミングだったと言える。その七年前の一九三六年、若き数学者アラン・チューリングが画期的な論文で「どのような計算可能な結果も算出できる単一の機械の発明は可能だ」と証明し、その一年後、MIT（マサチューセッツ工科大学）の研究室では、さらに若いクロード・シャノンによって、この理論的な機械の実際的な設計図が与えられた。シャノンの修士論文では、電子スイッチによってブールの代数方程式が実現できるとした。その成果が演算装置（ALU）、私たちが良く知っている言葉で言えば「コンピュータ」である。

コンピュータが最初に現れたのは、フィラデルフィアの中心部、スクールキル川から数ブロック西に離れた場所だった。その機械は急激に膨張し、一万八千本の真空管、六千のスイッチを備えた三十トンのエニアック（ENIAC=Electronic Numerical Integrator And Computer）となった。エニアックの設計は一九四三年、ピッツとマカロックの論文の発表より数か月前であるが、動くまでには三年かかった。これはシャノンによる設計図を生かし、チューリングの条件も満たしている。別の言い方をすると、エニアックはブール代数で動く自動論理装置であり、アリストテレスの三段論法に還元可能な問題は全て解くことができた。

最終的にエニアックは、こうした問題の全て（実際には多数）を解決したわけではなかった。主として野戦砲や水素爆弾の物理学計算に使われたのである。しかし成果の領域が局限されてもマカロックとピッツは捗けなかった。彼らはエニアックが今後、改良されていくと予言した。その予言は現実のものとなり、八十年間にコンピュータは目を見はるような発展を遂げたのである。

その改良は大きくハードウェアとソフトウエアという二つのカテゴリーに分けられる。ハードウェアの改良（その最大のものは、ベル研究所の科学者ダウォン・カーンとモハメド・アタラによる、一九五九年のＭＯＳトランジスタの発明である）によって計算能力が向上し、現在では一秒間に何千兆回もの計算がこなせるＣＰＵがある。他方ソフトウエアの改良によって、例えば以下のような専門化や洗練が可能となった。

・LINUXのようなアセンブリ言語のＯＳの開発により、コンピュータは効率的に膨大な論理演算ができるようになった。

・ベイズ型ソフトウエアの開発により、コンピュータは確率に基づいた計算ができるようになった。

・機械学習アルゴリズムの開発により、コンピュータは人間がプログラムするよりも早く、コンピュータ同士で教え合うことができるようになった。

大きく言えば、こうしたアップグレードによってコンピュータは、より速く、より広く、より精妙に、論理演算ができるようになった。そのことは翻って二つの大きな結果をもたらした。

一つは、ヒトの知性と自動化された象徴記号論理とを同一視するピッツとマカロックの考え方が主流になったことである。心の計算理論が立ち上がりつつある現代の多くの大学に、この「主流化」を見てとることができる。こうした理論はもともとヒラリー・パットナムやジェリー・フォーダーといった哲学者が提起したものだが、それが認知科学や進化生物学といった影響力のある分野へと浸透した。脳を研究している多くの偉大な学者が、この理論を論理的装置として取り組んだ。目や耳を通じて帰納を行い、「意味付けをする」ニューラル・ネットワークを通じて演繹、推論、解釈を行うというものである。

こうした考え方が学界外でも広く一般大衆に浸透していった。「論理的」が「知的」と同義語として扱われることが普通になった。多数の自己啓発の専門家たちが、ダイエット本やテレビの金融番組で私たちに、「データを見る」「数字を分析する」「統計に従う」といったことを勧めてくる。企業内教育の分野では「デザイン思考」と呼ばれる現象が生まれ、ビジネス分析がほとんどあらゆる場所で広がった。株式を選ぶ、スポーツチームを作る、マーケティングなど、金銭が絡むところならどこでも、専門のアナリストがビッグデータや表計算のデジタル化された数字を篩にかけ、合理的選択理論（もう一つの論理の所産）に落とし込む。

第二には、哲学の論理における信用性を、やっとテストすることができるようになったことである。かつてこのテストは、見たところ超えられない「人間」という問題によって運命づけられていた。人間は、プラトンの『国家』で責任を負う哲人王であり、神の聖書による戒律を解釈する神学者であり、戦争神経症の統合失調症患者の脳を治療する医師である。同時に人間は不完全である。人間の神経によるOSは、生物特有の気まぐれや、誤った感情や、局所データなどで発火する。より論理的な生活を人間に設定することは、ロックランド精神療養所の収容者にその病院を直させるようなものである。

しかし今では、私たち人間の致命的な欠点も払いのけることが可能となった。社会の管理を全面的に論理に委ねることができるようになった。論理によって、数学や三段論法から決して逸脱しないAIを構築できる。論理によってマカロックとピッツの知性を持った、しかし彼らの肉体上の脆弱性は持たないスーパーコンピュータを発明できる。論理によって現代の工学と中世の神学とを混ぜ合わせて、私たちを私たち自身から救うための「全能の神」を設計することができる。

かくしてドマルスの壮大な実験がスタートした。あなたが本書を読んでいる間にも、世界中で何十億ドルもの資金がAI研究に流れ込んでいる。さらに数十億ドル以上をかけたデジタル・インフラがうなりを上げて、データを収集し、数値を処理し、グローバル・エコノミーや多国籍企業やヘルスケア制度や教育機関や民主的政府や、その他人間の知的ネットワークをいかに運営するかについての勧告を吐き出している。

しかしこの実験は、既に失敗した。

## 失敗した実験

コンピュータＡＩが失敗するのは、最も人間の思考に近い仕事である。まず科学的仮説を作ることができない。小説を構想することができない。テクノロジーを発明することができない。オリジナルな行動を計画し実行することが要求される事柄はできないのだ。

この失敗はＡＩ推進者から苦しい言い訳を引き出した。「ＡＩにはもっと強大な処理能力が必要なだけ」「より文脈的なデータが必要なだけ」「ソフトウエアのアップグレードが必要なだけ」。さらには「ＡＩに意識があればいいだけ」等である。しかし単純な真実はこうだ。「ＡＩが人間の思考ができないという失敗は、修正不可能で永久に続く」。

これを証明する道筋はいくつもあるが、しかしいずれも、論理と物語とは全く違った知性の身体的メカニズムに関わっているという事実に還元し得る。論理と物語にはそれぞれの物質的限界がある。物語の限界は永遠の真実を産み出し得ないということであり、論理の限界は行動を処理できないということである。

この二つの限界は、同じ存在論的コインの両面である。

・物語は行動を順序付け、結合し、生成するための道具である。行動は時間的なものである。時間的なものは変化するので、永遠に真実ということはあり得ない。

・論理はそれとは対照的に、永遠に真実である。それは、論理が数字、表象、その他の象徴記号を計算する道具だからである。象徴記号に時間はない。象徴記号は存在し、不変である。「XはYである」「1＋1は2である」といった論理は、永遠の現在形である。

論理には物語にはできないことができるので、物語にできること（例えば、行動を処理する）ができない。行動には最低限でも原因と結果が含まれており、この二つの要素は、論理の永遠性の中では共存し得ない。原因は結果より時間的に先行する必要があるので、過去か未来かのいずれかを必要とする。行動が論理システムに繰り入れられると、そのシステムは解き得ない難問に直面する。「原因とその結果を単一の、現在時制の時点に入れ込む」、言い換えると、「二つの共存不可能なものごとを、同時に起こさせる」。

この「論理破り」はアリストテレスの昔から論理学者に知られていた。アリストテレスは『オルガノン』の中で、論理が行動を処理できるのは、それらを質にできる場合のみだとしている（例えば推論するという行動は、合理的な質に転換しなければならない。「アリストテレスが推論する」というナラティブは、「アリストテレスは合理的である」という主語―述語の命題に転換する)。質は不変なので、この転換は行動を脱行動化し、「動き」というその本質を捨ててしまうものだ。言い換えると、論理を行動によって壊されないために、行動は『オルガノン』の論理体系によって「幽霊《ゴースト》」にさせられる。

同じような行動の「蒸発」が、現代のAIの論理ゲートがヒトの脳によって自動で処理されるナラティブの作動を操作できる唯一の道を残している。私たちがコンピュータ化された自然言語プロセッサ(NLPs)の、日常言語を二進法の機械コードに翻訳するために利用されている手続きから見て取ることができるように。この手続きは、行動を示す動詞(例えばJane runs=ジェーンは走る)を、動詞と分詞のつながった形に変える(例えばJane is running=ジェーンは走っている)。これによって(1)行動の原因(ジェーン)とその結果(走っている)とが等式で結ばれる、(2)行動(走る)が始まりのない状態(走っている)になり、行動の起源を事実上抹消できる、という二つの結果が得られる。

論理という、時間を欠いた相関関係の領域の中では、いずれの結果も大した意味はないが、私たちが因果関係という時間のある世界に入ると、両者とも奇妙で不自然な結果である。(1)の結果、すなわち、原因と結果を等置することは、行動を象徴的な、予期しない魔術的思考に変える。

（2）の結果、すなわち、結果を原因から切り離すことは、物理的な作用から原因を奪うことであり、原因は名ばかりのものとなる。

まとめるとこれによって、力学が記号論で置き換えられ、行動の代わりに意味作用が置かれるのである。神秘的に象徴記号が原因にされ、他方物質はその機械的な性質を奪われ、私たちは「魔法の呪文や、力を持つ言葉、聖職者の儀式が現実を変えられる」、さらに「重力や火といった物理的な力がアルファベットの文字、アスキー記号、数学の公式といった同様の存在論的な実質からできている」と、信じるように誘惑されるのだ。

こういった論理による物理の歪曲は、中世の科学で実際に起きた。アリストテレスの『オルガノン』に力を得て、中世後期の自然哲学者たちは、物質を冗漫なもの（最終的な原因、形式的な原因、効率的な原因）だとし、言葉こそが因果を引き起こすものだとして称揚したのだ。「はじめに言葉ありき」。自然は象徴記号の網の目となり、生命はアレゴリー（寓意）となった。

同様のことは二十世紀の文学でも起きている（第4章を参照）。性格批評が記号論で置き換えられ、言葉が力となり、表象となり、現実となった。同様のことはコンピュータＡＩでも起きている。コンピュータＡＩは、十四世紀の科学や二十世紀の文芸批評に劣らず、地球の物理とは離れたところで動いているのだ。だからコンピュータＡＩは決して、ドマルス、マカロック、ピッツが夢見たこと――「ヒトの知性を時代遅れにする」――を実現しない。ヒトの知性は原因と結果を区別できるが、コンピュータは魔術的な記号の領域に永遠に固執する。科学者として自然の力を把握し、それをオリジナルな創造につなげられるのは、私たち人間だけである。

一体ヒトはどのように、原因と結果を考える能力を身に着けたのであろうか？　それは私たちの脳が意識、直感、その他ファジー的な「創発」といった特性を持つからだろうか？　そうではない。次章で探究するように、私たちの脳は、その作動においてはコンピュータのトランジスタと同じように、機械的なものに還元される。コンピュータとは別種の機械なのである。

ナラティブ機械だ。

# 第6章　物語思考を行う脳という機械

一九五一年夏、ニュージーランド南部にあるレンガ作りの小さな実験室。ピンク色と金色に輝く夕方、眼鏡を掛け、グレーの髪を切り揃え、白衣をきちんと着た科学者が金属の籠を開けて、怯えた猫を毛を剃るために選び出した。

科学者の名はジョン・エックルス。彼の研究室では多数の猫の毛を剃っていたが、この猫はちょっと違っていた。エックルスはこの猫の脳に着けたプラグやケーブルを覗き見できるようにしていて、彼のノーベル賞受賞につながった。物語思考の仕組みが明らかになったのである。

エックルスの見立てでは、その仕組みは主として二つの要素から成っている。（1）自己発電する電子的なワイヤー、（2）非電子的なコネクタ、である。

自己発電する電子的なワイヤーとはニューロンである。この生物学的な驚異については第三章で論じた。ニューロンの電子的性質によって、私たちは速く、速く、速く考えることができる。また、自己圧電という性質により自発的に行動することができる「これをやれ」。

非電子的なコネクタとはシナプスである。エックルスがニュージーランドの研究室で探求した、こちらも生物学的な驚異である。シナプスは一つの行動と別の行動をつなげることができる。非電子的であるので、設計の制約から自由に作動でき、論理法則を超えてナラティブのスクリプトを改良できる。ニューロンとシナプスは、コンピュータの中の機構とは随分と違っている。コンピュータの機構は電気スイッチ、真空管、シリコン・トランジスタといったもので構成し得るが、いずれにしても（1）二進法、（2）NAND/NOR論理ゲートのメカニズムを使っている。あるいは、一九六五年にチューリングの弟子とも言うべきI．J．グッドが、（1）記号言語、（2）決められた規則の集合、と形式的に述べている。

この二つのコンピュータの要素は、物語思考の二つの要素と、どのように関係しているのだろうか？「記号言語」は「自己発電する電子的なワイヤー」と大きく違っているし、「決められた規則の集合」は「非電子的コネクタ」と大きく違っているので、これらを比較することは、物事を明確にするより歪曲するリスクがある。しかし大まかな区別として、ヒトの物語思考する脳はハードウェアをつなぎなおすことができるが、コンピュータはソフトウェアを書き換えることができるだけ、と言える。コンピュータのソフトウェアにできることはたくさんあるが、すべてをCPUの三つの動作、AND、OR、NOTを通して行わなくてはならない。このことは、ヒトの脳が独自の行動を考案できるのに対して、コンピュータは常に同じ固定された論理演算の組み合わせを行っていることを意味する。

機械という点からの違いを機能の上から整理すると、コンピュータは最適な選択肢を取ることができるのに対し、ヒトの脳は新たな選択肢を想像することができる。もっと簡潔に言えば、コンピュータは「決定者」でヒトの脳は「革新者《イノベーター》」なのだ。証拠に基づいた判断のためならコンピュータが適しているが、創造的な行動はあなたの頭の中のニューロンとシナプスのおかげである。

コンピュータが創造的になれない、ということではない。創造的になり得るのだが、その創造性は記号的なものに限られる。記号的なものは（第5章で見てきたように）行動を含まない。コンピュータにとって創造とは、多様な集まりから単語、映像その他時間に捉われない象徴記号をランダムに混ぜて組み合わせることである。ヒトの脳にとって創造とは新たな原因を推測し、その効果を検証することだ。だからコンピュータは、新しい俳句や、画素《ピクセル》を組み合わせた顔は作れるが、新たな戦略、小説、科学的仮説など、ナラティブを要求されるものは新たに作り出すことができない。

コンピュータと脳にこうした違いがあることを、エックルスによる一九五一年の実験以降七十年にわたりAI推進者たちはごまかしてきた。しかしこの違いは重要であり、強調する必要がある。コンピュータを侮辱するとか、人間の尊厳を保持するためではない。そうではなくて、私たち自身の心的パフォーマンスをアップグレードするためである。動物のニューロンと、シリコンでできたトランジスタとの違いを軽視していては、このアップグレードは起こらないだろう。私たちはコモン・コア（第4章を参照）のような反生産的な教育カリキュラムを、次々と繰り出してきた。もっとうまくやるためには、私たちは人間の頭脳というテクノロジーの特徴を把握する必要がある。だから、批判的思考《クリティカル・シンキング》、データを基にした意思決定、その他コンピュータ的な課題を無理してこなすよりも、ヒトの脳が持つ物語思考という強みに合った、創造性や適応性、成長などを評価する教育的な評価表《ルーブリック》を考案する方がよい。

そのような評価表の概略は第7章で述べる。あなたの灰白質で、物語思考を駆動するために走らせることができるいくつかのプロセスについて述べることになるだろう。しかし、こうしたソフトウェアでの強化のためのハードウェアの基盤を提供するために、本章ではエックルスが猫で行った実験の裏話を追究し、責められた二十世紀の論理学者、ほぼ近代科学の推進者だったルネサンス革命家、そして実際にそれを行ったヴィクトリア朝の天文学者といった、歴史上の人物を数人、巡ってみよう。

これらの人物から、エックルスがかいま見た非論理的なニューラル機械について学ぶことができる。さらに、私たちの脳を彼らの伝記とつないで一つのナラティブにすることで、私たちは自分自身でその機構を体験することになる。

## 最初の登場人物：エックルスとスープ派

エックルスは物語思考についてそれまで（そしてその後も）聞いたことがなかった。したがって彼は、自分がその研究を進める間際にも物語思考という概念は頭になかった。世紀半ばの夕方に彼が猫の毛を剃ったときに、自分がしようとしている実験が極めて輝かしいものであると知った。

この実験は十七世紀の近代科学の起源に遡る、長い奮闘の頂点だった。しかしその直接の目的は、より近年の紛争を解決することだった。その紛争は、一九四〇年代の神経科学者がみな、ニューロンは電気的なものだと合意していたところから始まった。ニューロンは電荷（活動電位）を発し、曲がりくねった軸索の軸をナトリウムやカリウムのイオンの電荷でニューロンの末端まで下るが、そこには隙間（シナプス）があって、電荷は他の脳細胞と隔てられている。

しかしここで疑問が生じる。電荷はいかにしてこの隙間を飛び越え、隣の細胞を発火させるのだろうか？　二つの回答が提案された。一つは「スパーク」派を自称する科学者が、もう一つは「スープ」派を自称する科学者が提唱した。

「スパーク」派の考えはこうである。電荷それ自体が隙間を超えて行く。稲光のようにシナプスを渡る。結局、もしニューロンが電気ならば、その「継ぎ手」も電気である。脳全体が電子であり、全ての思考は回路をうなる電圧に還元される。これは人間の知性のモデルとして最もシンプルであり、最もエレガントである。いわば最も論理的なモデルともいえる。論理は節約を要求するものだからだ。

このような論理的に洗練された議論があるにも関わらず、「スープ」派は真逆の考えであり、シナプスは電子的なものではないとする。電気的な脳波が横切るのではなく、科学物質が隙間を超えるというものだ。シンプルでエレガントな考え方ではないとスープ派は譲歩するが、しかしよくできた多数の実験によって、どのようにニューロンが機能するのかは分かってきている。

一九二〇年代末、ジョン・エックルスがオックスフォード大学モードリン・カレッジでローズ奨学生だった時、スープ派の主張がエックルスに伝わった。エックルスは即座に、これは滑稽な考え方だと思った。化学物質がいかにして思考の速度で漂うことができるのか？　なぜニューロンがお互い同士の伝達に、このような複雑なメカニズムを進化させたのか？　なぜ既にある高速の電気的なシステムに固定化しなかったのか？

この推論が合理的だと確信したエックルスは、それを実験で確かめることに着手した。一九三〇年代、エックルスはオックスフォードからオーストラリアに移るが、カエルやネコの神経筋接合部を使って、天才的な一連の実験を行った。こうした実験によって、シナプスの伝達が高速であること、あまりに早いため、電流が光速で動く以外では起こりにくいと、エックルスは考えた。

しかしスープ派は折れなかった。スープ派は化学物質による伝達という仮説を頑なに守り、エックルスを怒らせ、彼を行動に駆り立てた。一九三五年五月、エックルスは生理学会の年次総会でスープ派を嘲笑した。この「非常に緊迫した争い」によって、エックルスと、スープ派の自足し落ち着いたリーダーである、ノーベル賞受賞者ヘンリー・デールとの間で、辛辣な手紙のやり取りが行われた。その後数年、この科学的な意見の不一致は、「戦争」にまでエスカレートした。

この「戦争」は、世界自体が暴力に引き裂かれた一九四〇年代に勃発した。一九四五年に戦争終結の署名がなされても、スパーク派とスープ派の戦闘は続いた。一九五〇年代に入り、エックルスはこの闘争に決着をつけるための賢い戦略を思いついた。

当時エックルスは既に、オーストラリアからニュージーランドへと移っていた。ニュージーランドでエックルスは、ナチスから逃れてオーストラリアのカンタベリー大学に移った、不器用だが熱心な哲学者に出会った。科学の作用について変わった考え方をする創造的な学者である。

彼の名前はカール・ポパー。

## 第三の登場人物：苦悶する論理学者カール・ポパー

カール・ポパーはキャリアの晩年になって、二十世紀で最も影響力のある独創的な思想家の一人と見なされるようになった。しかしエックルスと出会った当時はまだ、物珍しいマイナー学者だった。同時代の哲学とは激しく対立しており、彼自身の心理状態も葛藤のなかにあった。

ポパーの心の葛藤は、彼の知性が持つ二重性に由来するものだった。ポパーは一方では子供時代から論理を愛し、絶対的な理性からのわずかの逸脱も許さないほどその愛は純粋だった。だが他方では、物質世界や生き物に魅了されていた。人間、文化、市場などを愛していたのである。しかし生きている物は、時間の経過に従って動き、論理的な等式の永遠性に反逆する。ポパーは絶えず一方での愛で他方への愛を打ち砕いていた。論理を抱き締めると生命とは引き裂かれ、生命を抱き締めると論理とは引き裂かれた。

この微妙な内的緊張関係が、ポパーの実存を苦痛に満ちた、いやいやながらの、偶像破壊者にしていた。彼は何度も寺院に足を運び、敬虔な会衆の中に加わろうとするが、結局は祭壇を破壊し、偶像崇拝を明るみに出すのだった。

この破壊が始まったのは、ポパーが彼の十代の時のアイドルだったカール・マルクスの正体を暴露した時である。マルクスはヘーゲルの弁証法（第8章を参照）を用い、ポパー見るところ無敵の、経済史に関する合理的な理論を構築した。しかしポパーは容赦なく、理論が予測に失敗したことを看破する。マルクスの説に反し、中産階級は消滅しなかった。マルクスの説に反し、プロレタリア革命の連鎖反応で資本主義者が打破させられるということはなかった。自身の背教に恐怖の叫びを上げながら、ポパーはマルクスの強固な構造物を引きずり倒した。

次にポパーはジークムント・フロイトに目を向ける。フロイトの理論はマルクスのものより粗雑であるだけでなく、より狡猾で、その心理学理論は観察をひねって証拠にするようなトートロジーで根拠付けている。しかしポパーはフロイトの巧妙な迷宮にも臆することはない。堂々巡りの論理にひるまず飛び込み、詭弁を暗いところから陽光の下に引きずり出して、精神分析が魅惑的な詐欺であることを暴露する。

カール・ポパーが一九二〇年代、ウィーン大学で設立されたばかりの教育研究所に来た頃には、こうした「偶像破壊」という心的枠組みを有していた。心理学の博士号を目指す課程に入り、二十代のポパーは近代科学に対しても妥協しないまなざしを向けた。当時の物理学者のグランド・セオリーを精査していくなかで、ポパーは自分が三世紀前、一六二〇年の、フランシス・ベーコンの「ノヴム・オルガヌム」（新しい論理）をめぐる闘争に、引き込まれていることに気が付いた。

## 第四の登場人物：フランシス・ベーコン、近代科学を（ほぼ）作り出した人

ベーコンはポパーと同じように、偶像破壊者であった。ポパーほど「いやいやながら」ではな

かったが。

当時のヨーロッパの大学は、発見に対しても既存のイデオロギーをトップダウンで押し付け、自然の研究も演繹法で行っていたが、ベーコンはそれを批判し、演繹法の反対である帰納法を主張した。帰納法はデータを利用して既存の法則を更新する。それによって物理の研究も活性化できるのではないかとベーコンは信じた。天体望遠鏡や微小の顕微鏡によって力を得た観察や実験の精力的なプログラムによって新鮮な事実を集められた。旧来の理論から演繹するのでなく、こうした事実から新たな理論を帰納する。中世の静止状態から科学を脱出させ、近代の進歩へと導く。

この帰納法へのシフトを、ベーコンの仲間のイギリス人たちは革命の始まりとして喜んで歓迎した。中でも最も有名なのがアイザック・ニュートンである。しかし実際には、この革命は単なる部分的な革命だった。帰納法は結局のところ、アリストテレスの『オルガノン』(中世の認識論の基礎をなす教科書)でも擁護されている、伝統的な論理プロセスの一つであった。従って帰納法という方法を擁護することによっては、彼の造反的レトリックのように、中世の科学からラディカルに距離を取ることはできなかった。

かくしてベーコンは、物理的世界をテクスト(「自然の書物」)として扱うという、アリストテレス学派の実践を受け継いでいる。ベーコンの取り巻きは物理学者を「自然の哲学者」(つづめて言えば「自然哲学者」)とする古い慣習を保持していた。かくしてベーコンの言う「新しい哲学者」は、知識を厳密に論理的なものと捉える中世の習慣を維持したままだったのである。象徴記号データが科学の「帰納的機械」へと挿入され、中世の三段論法と同じように、自然の「数学的法則」に従って自動的に計算が行われた。

この、半分は新しく、半分は伝統的な、「ベーコン・アリストテレス」論理処理機械が、長らくイギリスで稼働し、ニュートンの時代にも十八世紀にも、挑戦を受けなかった。しかしベーコンの予測に反し、この処理機械は啓蒙化された合意を生み出さなかった。その代わりに自然哲学は終わりのない論争にまみれた。というのは、たとえ皆が基礎的な事実に関して同意しても、それをどのように解釈するかでは議論が起こったからである。同じデータから、一方の自然哲学者は光が微粒子であると結論付け、他方は光が縦波であると結論付けた。同じデータから、一方の自然哲学者は重力が離れても働く作用であるとし、他方は目に見えないアストラル流体の存在を主張した。

こうした論争は論理を自然という「書物」に応用した結果であって、それ自体は驚くべきことではない。論理はもう一つの「重要な書物」である聖書に同じように適用されると、機能不全を起こす。聖書の歴史的、言語的、記号的データから論理は、徐々にしかし確実に全員一致に向かうというよりは、カトリック、カルヴィン派、ユニテリアン主義など、競合する教養を生み出してきたのだ。

帰納が実際のところ解釈の増殖をもたらす傾向があるので、ヨーロッパの封建的な大学は演繹の方を好んできた。大学の学部はベーコンの「演繹は知的進歩を遅らせる」という根本的な主張に、反対してきた訳ではない。しかし彼らにとってみれば遅れにも価値がある。少なくとも旧来の理論を守るというだけではなく、統合と安定を守っているのである。どのような論理体系にとっても統合と安定は必要な性質ではないか？　ベーコンのいわゆる「改革」がこうした性質を混乱に叩き込むとしたら、彼の「新しい論理」は流動や断片化をもたらすのではないか？

一九世紀初頭、物理学は危機に陥った。統一の達成を喜ぶのではなく、中世の神学の分裂と同じような内紛に飲み込まれていた。もし近代が中世に打ち勝とうとするならば、科学はベーコン以上の、より深淵な方法論の革命を経る必要があった。

そして科学は第二の革命を経たのだった。一八三〇年に飛躍をもたらしたのは、もう一人の偶像破壊者、宮廷天文学者のジョン・ハーシェルだった。

## 第五の登場人物：ジョン・ハーシェルと近代科学の方法

ジョン・ハーシェルもポパーと同様に、精神が華麗かつ悲劇的に分裂していた。

蝶のような知性を持って生まれたハーシェルは、各学問分野という花の間を素早く飛び回った。

化学、詩学、数学、鉱物学、物理学、絵画、写真。しかし彼がどこで羽を伸ばそうと、父の長い影から逃れられなかった。父ウィリアムも天文学者だが国際的なセレブで、英国王やドイツの王室、ワーテルローの戦い以前のナポレオンと親しく交際していた。

子としての義務感に駆り立てられ、同じような業績を達成したいと思った若きジョンは、自分の望遠鏡を調達し、日没後の時間帯はずっと望遠鏡をのぞき続け、空にあるあらゆる発光体の位置を記録することにした。この並外れた仕事は多大なる訓練を必要とし、若きジョンを機械に変えた。ノマド的な好奇心は容赦なく封印して、夜中じゅうクランクを回し続け、星の配置を正確に調べ、七万を超える星を三重にチェックしながら座標を記録した。この驚くばかりの執着は、傑出した科学研究ということで王立学会の「コプリ・メダル」を授与されて報われた。しかも二回も受賞している。父ウィリアムは一回だけの受賞だったから、メダルの回数でジョンは父を上回った。

しかしジョン・ハーシェルが帰納の能力で父親を上回ったとしても、彼の科学への最も持続した貢献は、（最後に）彼の蝶のような頭脳を解放させたところから来た。一八二〇年代後半、ハーシェルは一般向けの科学の入門書『自然史研究への予備的考察』をまとめた。この無粋なタイトルは、責任ある科学者としてのハーシェルの鉄の意志を反映しているが、そのページには科学的規範からの激しい訣別がはさみこまれている。ハーシェルが普通の人々向けに科学的方法の説明を試みている際に、帰納法が単に機能しないという問題とぶつかっている。ベーコンによる機能不全の論理を義務的にリサイクルするというより、勇敢にも新しい仮説を思いついた。「科学者の心は無数のデータを蒸留して帰納し論理的な法則を打ち立てるというよりも、数少ないデータから飛躍して暫定的な原因からなる仮説を立てる。それを使って検証に耐え得る大胆な予測を行う」

ハーシェルの言葉ではこうである。「人間の精神には、現象の間の数少ない類推という最小限のアイディアを根拠にして、因果や法則を考える傾向がある。それ以外の現象は一時的に無視するのだ。実際に私たちの行っている主要な帰納では、上昇と下降（抽象化と具体化）の繰り返しと見られるべきで、少数の事例からの結論が、多数の例によって確認される」。こうした可能性のある「原因」への「飛躍」は、コペルニクスが中世の太陽系の見方を逆転させた際にもあったとハーシェルは指摘した。コペルニクスは太陽系のあらゆる細部を調べたわけではなかったが、望遠鏡のレンズを通して、地球が太陽系の中心にいるという伝統的な理論の欠陥を明らかにした。コペルニクスは自分の持っている事実を基に、「地球が太陽の周りを回っている」という新たなナラティブへと跳躍したのである。このナラティブは、金星が三日月のように見えるという驚くべき予測を生み出し、のちの天文学者がそれを確認した。

ハーシェルによるコペルニクス革命の新解釈は、英国の科学界に警戒感をもたらした。ハーシェルの友人のウィリアム・ヒューウェルは、「自然哲学者」に代えて「科学者」という言葉を発明した先見性のある思想家だが、ハーシェルによる「仮説的飛躍」という方法では、科学が実際には科学ではなく「推測」だと、ヒューウェルは激しく応答した。科学の方法に想像力が侵入してくるのを回避するため、ヒューウェルは友人のハーシェルに、事実を飛び越えることへのベーコンの警告、および、ハーシェル自身のニュートンへの敬愛を、思い起こさせた。ニュートンは事実に基づかない推測には完全に反対したではないか？　引力について説明を求められた際にニュートンは、「私は仮説をつくらない」という有名な回答をしたではないか？　ニュートンは常に、帰納的な数学に固執していたではないか？

しかしハーシェルは、その早計な「背教」に固執していた。彼は長年の持続的な帰納的結論から、古い（中世の）論理も、新しい（ベーコンの）論理も、どちらも間違っていると確信していた。夜間の熱心な観察から、彼はアリストテレスやニュートンよりも多くの生データを集めていた。ひょっとすると、史上最も生データを集めた人かもしれない。しかし生データだけでは科学的なブレイクスルーは生まれなかった。ブレイクスルーのためには「ナラティブな推測」が必要だ、それが科学を真に前進させるとハーシェルは考えたのである。

ハーシェル自身の推測を裏付けるように、十九世紀の科学を前進させたのは確かに推測だった。ハーシェルの著書が一八三〇年に出版されると、若きチャールズ・ダーウィンは熱心に読んだ。ハーシェルによる「推測して実証する」という手法を用い、ガラパゴス島でのフィンチ数種の観察から、自然選択による進化論という仮説を提示した。その後のダーウィンは、青い目の猫や、クソムシや、ヒトの感情などを題材に、自らの仮説を実証することに専心した。

一八七一年、ハーシェルはウェストミンスター寺院に埋葬された。彼の墓石は今、ニュートンとダーウィンの間にあり、計算的な帰納法という啓蒙主義の科学的手法と、ナラティブな推測という近代科学の手法とを橋渡しした彼に相応しい場所と言える。しかしハーシェルが創造的実験の科学の余地を切り開いたのだが、論理の亡霊はまだ彷徨い歩いていた。

ハーシェルが永眠した六十年後、最後の「悪魔払い」を行ったのがカール・ポパーだった。

## ハーシェルからポパーに戻る

ポパーが科学に引き込まれたのは、アルベルト・アインシュタインの仕事を通してだった。（アインシュタインは本章の第七の主要人物として、エックルス、スープ派、ポパー、ベーコン、ハーシェル、ダーウィンの後に登場する。しかしここまで来ると読者の方々は、この全員と彼らのわき筋が物語思考に関係しているのか、互いに関係があるのか、やや戸惑うかもしれない。

もしこうした疑問があなたの頭の中に浮かんだら、それに答える二つの方法がある。

1. ここまでのページを読み返して、各登場人物から登場人物へのナラティブ上の飛躍に焦点を当て、あなたのシナプスがコペルニクス的転回（前節を参照）を遂げて、その理由について仮説を立てることを手助けする。

2. 完全に理解できないでもこのまま章の終わりまで進み、あなたのシナプスを性格批評（第4章を参照）のように働かせ、因果的思考を通じてプロットのリバース・エンジニアリングを行う。

著者は何人かの登場人物を省くことで、起きるトラブルを回避することもできたのに、なぜ読者のあなたに余分な仕事を負わせるのだろうか？　それは、なぜ「スープ派対スパーク派」の対立がハーシェルの望遠鏡につながり、さらにアインシュタインにつながるかを読者が把握した時、シナプスが広大なアクターとつながり一つの出来事の連鎖が完成して、あなたの頭脳という物語思考する機械の力を、自ら体験することで確信できるからである）。

アインシュタインはダーウィンのように、ナラティブな飛躍を行った人である。既存の理論におけるいくつかの異常を特定した彼は、一連の物語思考の想像力を発揮した。光線を追いかけて移動し、空間的には振動しているが、電磁場としては静止している一条の光線を夢見たのだ。そして新たな理論、「相対性理論」を発明した。そこでは旧来のニュートン物理学とは違った角度で重力が光を曲げる。

アインシュタインの冒険的な予測は、一九一九年に実験で検証された。イギリスの天文学者アーサー・スタンレー・エディントンとフランク・ワトソン・ダイソンが、西アフリカへ、さらに東ブラジルへと飛び、五月二九日の日食を巨大レンズを使って撮影した。六か月後、焦らされていた世界に、スナップショットの結果が公表された。アインシュタインの予測が正しかったのだ！　相対性理論は本当だったのだ！

ポパーは魅了されたが、しかし疑ってもいた。心は分裂し、アインシュタインの理論がマルクスやフロイトのものとは違うと確信していたが、同時に、それが論理的に不完全であるとも感じていた。ポパーは獰猛な理性を使って彼の前にあるデータを精査した。心の両方ともが正しいと悟った。アインシュタインの理論は疑似科学ではないが、論理的に正しいとも言えない。世界が確信していることと違って、一九一九年の日食では、相対性理論が証明されたとは言えない。証明は実証的実験の力を超えているからである。実験は決して、科学理論の確証にはならない。それは一つの逸話（あるいは十億の逸話）が絶対的真理の確証にならないのと一緒である。そうではあってもポパーは、アインシュタインはマルクスやフロイトを超えていると見ていた。新たな光についての彼の理論は対抗ナラティブとして機能し、エディントンとダイソンの「探検」で示された主たる転回を、事前に予想することに成功していた。そして今やその転回が起こったため、アインシュタインの理論は、革新的な実験によってさらに他の転回を予想するのに使うことができ、科学の実践の幅を創造的に拡大した。

これを受けてポパーは、「科学は論理で構築されるものではない」というハーシェルの直感を証明した。科学は周辺の出来事を基にした、推論というナラティブによって構築される。論理が果たす役割は、仮説の誤りを暴き、残余の不確かさを計測し、エディントンとダイソンの世界を股にかけたスーパーカメラ下の実験のような意欲的な研究を奨励するところまでである。

一九三四年、この科学的方法の基礎を、ポパーは著書『科学的発見の論理』で描き出した。簡潔な言葉で書かれたモノグラフだが、読む気力を萎えさせ、頭を掻きむしらせる本である。それでも読者がポパーの濃密な散文をゆっくりと読み解いていくと、このタイトルがミスリーディングであることに気づく。この著作が扱っているのは、論理というより非論理である。科学を行うための体系的な「計算法」を示すというより、科学者に対してアインシュタインのように想像を働かせよと促すものなのだ。その上で彼らに、自らが想像したものの誤りを見つけることに専心せよと言う。

どうしたら空想の翼をかくも大きく広げることができるのか（そして自分が空想で生み出したものをなぜ振り返って攻撃しなくてはならないのか）という点で読者は混乱し、合理的な行動をとった。つまりポパーの提案を無視したのである。そして同じ帰納法の解釈が分かれ、論戦が続いた。

ポパーはニュージーランドに「左遷」され、無名の教授になっていたが、ポパーがエックルスに会った時、エックルスは「ポパーの方法はスープ派対スパーク派の論争を終わらせるのに役立つ」と気付いた。過去両派とも、自派が正しいと証明することにエネルギーを使っていた。しかしポパーの方法を使えば、逆のことができる。つまり「間違っている」ことを証明する実験を行うのである。実験が失敗に終われればスープ派が間違っていると主張できる。もし実験が成功すればエックルスは、脳内には電気以外のものが作用していることを認めるのである。

エックルスは一九五一年の温かい夏の夕方に実験を行った。脅える猫に鎮静剤を与え、腰の毛を剃った。猫の一つの神経細胞に接続できる先端の細い細胞間電極を用意し、眠っている猫の脊髄に電極を差し込んで、大腿四頭筋の運動ニューロンを刺激した。エックルスは、ニューロンの膜を貫通する電圧を測定するブラウン管増幅器の点滅に目を凝らした。もし電圧が落ちればスパーク派の仮説が誤りと直ちに分かり、エックルスがキャリアを賭けてきたものが間違っていたということになる。

そして電圧は下がった。エックルスは完全に間違っていたのである。シナプスに関するエックルスの電子理論は、ブラウン管の点滅で霧消した。しかし、確かにエックルスが以前に発表した論文はこの実験で誤りと分かったが、それだけではなかった。エックルスの科学者としての真価が明らかになったのだ。彼はライバルであったヘンリー・デールに手紙を書いて敗北を認め、スープ派との戦争は終わりを告げた。スパーク派はいなくなった。

デールは非常に喜んだ。エックルスへの返信で、彼がスープ派の立場に変わったことを熱烈に歓迎した。しかしデールの自己満足はエックルスを戸惑わせた。エックルスはスープ派になったわけではなかったのだ。ポパーの方法に厳密に従っただけだったのである。エックルスは確かにスパーク派を辞めた。脳には電気以外のものがあると認めた。スープ派の言う通りかもしれないが、しかしさらに別の何物かがあるのかもしれない。

続く実験では、後者の可能性が示唆された。スープ派は単一の化学的神経伝達物質（アセチルコリン）に注目していたが、今では私たちはシナプスには多種多様な機構があり、その一部は化学的なもの、その多くがペプチド〔アミノ酸がペプチド結合でつながったもの〕であると考えている。それは正しいのだろうか？　確実だとは決して言えない。ただエックルスのおかげで（エックルスは一九六三年、夏の夕方の実験でノーベル賞を受賞している）、脳が電気以上のものであることが確実に言える。

本章の曲がりくねった歴史的ナラティブをまとめることで、創造的な推測を行うために、論理的な帰納法がもたらす狭窄を避けながら、脳がいかにしてハーシェル－ポパー流の「科学の方法」を行えるかを説明している。

## 科学的な推測を行う脳という機構

エックルスが垣間見た、電気以上のものである脳という機構が発生したのは、およそ十億年前、古代の刺胞生物として知られる、触手に口を持つクラゲにおいてだった。

この刺胞生物は、ペプチドを刺して獲物を麻痺させる特別な細胞を持っている…ある偶然が起きるまで、このペプチドは内部の刺毛に使われていた。外部の海水に放出するのでなく、ある細胞が別の細胞を行動させるのに使われていたのである。

このペプチドシステムは動物のシナプスの起源になっている（あるいは少なくとも、最も誤りの小さな推測である）。刺胞動物のペプチド細胞が特化するにつれ、ニューロンになり、シナプスは予期せぬ可能性を露わにした。ニューロンを他の種類の細胞とつなぐ以上のことができたのだ。ニュ、ーい、ロい、ンい、とニューロンを結んだのである。一つの行動が他の行動を活性化し、それが他の行動を活性化し、と続いて行く。

動物の神経系はこのようにして始まった。猫の背骨に、ひいてはヒトの脳へとつながって行く。ヒトの脳には膨大な数のニューロンがある（現在の最良の推計値としては約８５０億である）。このニューロンの大部分がシナプスでつながっている。絶え間なく自らを刺し続けたクラゲが複雑化したものなのだ。

なぜだろうか？　なぜ多数のニューロンがペプチドを使ってお互いを刺激するのだろうか？　なぜシナプス機構は私たちの頭の中でかくも大きな部分を占めているのか？

蓄積と処理の力だ、というのが論理からする答えである。しかし、もしヒトのシナプスが提供しているものがそれだとすると、効率は非常に悪い。ヒトの脳の記憶力は弱く、かつ危うい。同じサイズのハードディスクと比較すると、生データの記憶でははるかに劣り、かつ想起の正確性も劣っている。また、データの処理にも長けていない。もしそうでなかったら、私たちはかくも長く辛い時間を学校で過ごし、数学や批判的思考を必死に学ぶ必要はないだろう。

物語思考からのもう一つの仮説は、シナプスが脳の核のふるまいの機能に貢献している、というものである。オリジナルの行動の筋立てを作るのだ。シナプスがどのようにそれを行っているのか私たちは正確に述べることができない。しかしハーシェルやダーウィンやアインシュタインのように、生産的な推測なら可能である。

・ヒトのニューロンは行動の生成を通じてプロットを立てることに貢献する…
・ヒトのシナプスはニューロンと別のニューロンをつなげるので…
・シナプスは行動をつなげることを通じてプロットを立てることに貢献する

すなわちヒトのシナプスは、個々の行動を因果関係のつながりの中でつなげ、私たちの脳が認知的ナラティブを即興で行ったり、試したり、改良したりできるようにしている。それによってシナプスはヒトのニューロンの試行錯誤プロセスを増大し、計画を立案したり適応したりするための実験的方法へと到っている。ミクロのレベルでは、この方法は一つのニューロンと別のニューロンとの間を「こうすればああなる」という推測的関係を作る（あるいは消す）作用をしている。マクロのレベルでは私たちの心的戦略を拡大し、編集し、分岐し、革新し、切除し、方向転換するといった機能を行っている。

この物語思考プロセスは、ヒトの大脳新皮質内の膨大な数のシナプスによって非常に柔軟性がある。おそらく数兆個と見積もられているが、そのおかげで私たちの脳は、ほとんど無限の新たな方向へ向かう行動のスクリプトを分岐したり、柔軟に作ることができ、芸術、ビジネス、政治を革新できる。

ヒトの心における革新は、コンピュータＡＩの力を超えている。ＡＩができるのはAND、OR、NOTという三つの予めプログラムされた記号論理を繰り返すことだけであり、だからデータの流れに基づいた演繹しかできない。これはスポーツや科学やダンスがしていることでもある。ＡＩには自由形の新鮮な行動ができない。つまりスポーツや、科学や、ダンスで可能なことを拡張はできないのだ。

この状況を変えるためには、自らの核となるアーキテクチャを再編することができるコンピュータを作る必要がある。いわば、現代のＣＰＵの刻み込まれたトランジスタに代えて、独特な回路へと自らを作り変えられるような、自由に浮動するハードウェアが要る。このことが提起する明らかに工学上の課題以上に、電子的システムは初めから電圧と電流の数学式に統御されているという事実から、不可能なのである。こうした等式の外側で、システムは壊れたりシャットダウンしたりする。コンピュータの「脳」はやみくもな即興はできないということだ。事前に数学に沿って設計されなくてはならない。数学に従って現在の論理ゲートは設計され、すべきことが指定される。もしこうした論理ゲートを自由にシャッフルしたら、たちまち機能しなくなり、過熱するか電気が消えるかするだろう。

このハードルを超えるような思考機械を作るのならば、現在のコンピュータとは仕組みの違うものでなくてはならない。外部の電源を使って経時的に電子を流すのではなく、内部で個々のケーブルが電力を持つのである。また、ケーブル間は、トランジスタがするような充電の受け渡しをせず、互いに緩衝材《バッファ》が必要である。互いに非電気的に接続し、電子が必要な設計を離れた、即興の行動をする回路が可能となる。

エックルスが夏の夕方に発見したように、正しくそのように脳は機能している。

脳の物語思考アーキテクチャ

脳はニューロンからできており、ニューロンは（ミトコンドリアATPを通じて）内的に充電される電気ケーブルであり、かつ、継ぎ手は非電気的（例：シナプス）である。

この混合形態を取ったアーキテクチャによってヒトのニューロンは、電子的にも非電子的にも伝達の利点を受けることが可能となっている。前者のメリットはスピードであり、私たちの考えは光の速さで動く。後者のメリットは実験ができることである。ニューロンは結合する相手をお互いに自由に変えることができることで、電子機械であれば不可能な、精神的なアーキテクチャの即興での構築を、私たちのシナプスはやってのける。ヒトの灰白質は、ダーウィンやアインシュタインがやってのけたこと（仮説を立て、想像して、新しいことを考えること）を可能にする。かくしてヒトは適応的に推測を行い、絶え間なく局面が移り変わる人生の戦いにおいて、私たちを有利にした。

戦いには、あらゆる非対称の対立と同じように二つの性質があると、戦争を観察した、ジョン・ハーシェルと同時代のプロイセン人であるカール・フォン・クラウゼヴィッツは述べている。一つは、私たちの成功に呼応して対立構造が変わることで、さらに私たちはそれに対応して変化する必要が生まれる。二つ目は環境は不確実なことであり、状況の発展につれて、追跡不可能なデータの「霧」が生じる。

こうした要因にＡＩは対処できない。絶えず移り変わる状況や、闇の状況に対して、統計的な手法では追跡ができない。しかしヒトの「神経解剖学」では生産的に対処できる。ヒトのニューロンは、限られたデータでも機能できるのである。というのも、限られたデータ（第４章を参照）はナラティブの本分であり、ナラティブは（本章で経験しているように）ヒトの脳のシナプス機構の本分なのである。こうした機構のおかげで、私たちは変化が速い争いの領域で生き残っていける。その領域では唯一の情報は異常であり、私たちは奇抜な敵に対して常に競っていなくてはならない。

もし私たちがフォン・ドマルス（第５章を参照）のように、ヒトの脳を戦略的に超える人工知能を考案したいのであれば、次の二つの道筋のどちらかを通らなくてはならない。一つは自然界のあらゆる事実を使う論理的な人工知能をプログラムすること、もう一つは一時的にトランジスタから退避して、動物のニューロンに似た電子的なものと非電子的なものを混ぜ合わせたユニットを使う「ポストコンピュータ」を発明することである。第一の道筋は現在の科学を超えており、第二の道筋は現在の工学を超えている。

こうした「スーパーヒューマンＡＩ」は、時間の彼方に存在しているが、次章で論じるように、私たちは優れた新知性を創造することが可能である。その「優れた新知性」とは、物語というソフトウェアでアップグレードした私たち自身のことである。

# 第7章　物語思考を改良する

一九二七年春のことである。ニューヨークの市民公園に赤いチューリップが花開くころ、コロンビア大学文学部に属する学者たちが「天才」を観察していた。

その「天才」はアスリートの脚と、黒く波立つ髪を持っていたが、より魅力的なことに、彼はおとぎ話や伝説で考える心を持っていた。

その心によって「天才」は自分の夢が物語を含んでいると発見した。それは世界の宗教の創始者が作った物語であったり、人生の真の意味を見抜くような物語であったりした。

それでも「天才」が把握できた部分は少なかった。その物語は正確にいつ始まったのか？　正確にどこで終わったのか？　その宇宙的なプロットを結びつける中間の章とは？

それを見つけ出したくて「天才」はコロンビア大学の学者たちに要請した。「あなたたちの本棚にある寓話を集めて学ばせて欲しい。その幅広い地理や広大な時間規模をマスターするのを手助けして欲しい。世界中の偉大なナラティブを一つに繋げるような神話を発見できるように」と。

学者たちはこの熱心な提案に対してどうすればいいのか熟考し、そして決断した。「天才」は真摯で魅力的ではあるが、未熟であるので、彼らは彼に博士号を授与することを拒否し、学部の新しく白いホールから追い出して、東洋に関する崩れかけたアーカイブへと向かわせ、サンスクリットや吟遊詩人たちについて学ばせた。彼が帰還すると見下しながら迎えたが、今度は北部のウッドストックへと追い立て、そこで彼は五年間にわたり小屋を借りて、やみくもに集めたペーパーバックに囲まれて過ごした。彼の知的探究を教授たちは笑い、魔術、神秘主義、神智学などと呼んだ。

しかし最後に笑ったのは「天才」の方だった。彼の探究はベストセラー本や、ハリウッド史上最大のブロックバスターを生んだ。最後になって彼は死から甦り、福音を囁いた。彼の福音は物語理論として世界で最も名高いものとなり、今でもそうである。

この「天才」の名前はジョーゼフ・キャンベル。ベストセラーとなった彼の著書『千の顔を持つ英雄』は、一九四九年にパンテオン社から出版された。これを基にして一九七七年、ジョージ・ルーカスが監督した映画『スター・ウォーズ』は巨大ヒット作となった。彼の死後の福音とは、一九八八年六月にビル・モイヤーズがＰＢＳで放送した『神話の力』である。

キャンベル以降、多くの人がこの「英雄の旅」として知られる究極の物語を利用した。今でもキャンベルから得られることは多く、学ぶべきものがある。なぜなら、私たちは常に、誤りから学ぶものであるから。そしてこの天才も歴史に残る誤りを犯している。

## 天才の誤り

学者たちの考えるジョーゼフ・キャンベルの誤りとは、疑似科学に入ってしまったことだ。第一にキャンベルは、「単一神話《モノミス》」の存在を信じた。第二に夢が象徴であると信じた。第三に集合的無意識を信じた。

その疑似科学の第一は、ジェームズ・フレイザーの『金枝篇』（一八九〇年）に由来する。同書では、あらゆるグローバル神話は（アフリカであれアジアであれ米国であれ）、「英雄が世界を再生させるために自らを犠牲にする」という同じ永遠の物語の翻案だと主張した。第二はジークムント・フロイトの『夢分析』（一八九九年）に由来する。同書では、私たちが睡眠中に見る夢には、無意識へと抑圧された願望が現れていると解釈可能な象徴言語が含まれていると主張した。第三はカール・ユングの『集合的無意識と元型について』（邦題は『自我と無意識』）（一九三四年）に由来する。同書はプラトンの哲学的イデア論を基調にフレイザーとフロイトを混ぜ合わせたもので、私たちの心は、銀河内の精神に永遠の元型（英雄、母、教師など）が植え付けられているとする。この三つの疑似科学が合わさって、キャンベルの「英雄の旅」理論が作られた。「私たちの探究する魂が、旅するにつれてメタファーとしての死と再生を経験するという人類に普遍的なナラティブであり、地下世界の半神のように、私たちが共有する無意識の洞窟から聖なる真実を持って戻ってくる」。

しかし、学者たちがこの理論を魔術的思考だとするのが正しいとしても、それはキャンベルの物語へのアプローチの重大な瑕疵ではない。本当の瑕疵は最も根本的なところにある。それは、キャンベルが一九四九年に出版したベストセラー中の、冒頭の文章に見られる。「コンゴの赤い目をした呪術医の不可解な夢のような言葉を遠く楽しみながら耳を傾ける、神秘的な老子のソネットを翻訳で上品に読む、トマス・アクィナスの難解な議論を何度となくこじ開ける、エスキモーの奇妙なおとぎ話の輝かしい意味を突然に理解する、いずれの場合でも、形は違うけれども驚くほど類似した物語がそこにある」。時代遅れの人類学の、この流れの底には、「常に一つの…不変の物語がある」。ここがキャンベルの思考の躓きの石である。一つの「永遠の物語」を求めることは、アリストテレスが『トピカ』で行ったように、ナラティブを論理に変えることである（第2章を参照）。実際的な「プロセス」に替えて、理想的な「プロダクト」を求める思考だ。創造的行動という物語の生物的機能を犠牲にして、究極の心理という形而上学的な夢想を追い求めることに他ならない。

これをキャンベルの誤りの核心だと名指すことは、それが彼自身だけにとどまらないと理解することでもある。「英雄の旅」をインチキだとして非難した多数の学者は、物語をプロセスではなくプロダクトだと扱った罪がある。映画や小説を時間のない物語構造、固定した文学ジャンル、普遍的なテーマに還元しようとした現代の哲学者、統計家、脚本界の大物、AI研究者の過ちである。これは成功したハリウッドの脚本やペーパーバックの小説は全て、不滅の公式の簡単なリストからプロットが生まれていると信じる人々の間違いと言える。

この進化上の袋小路から抜け出すためには、キャンベルの方法を覆す必要がある。最良のナラティブ・プロダクトを探す代わりに、よりましなナラティブ・プロセスを探す必要があるのだ。人生の無限の可能性のナビゲートを助けてくれるような、ナラティブの計画や戦略を生み出してくれるより効率的な方法を、見つける必要がある。

これが、キャンベルの探究への科学的な答えである。物語の天才になるための、現実的な道筋なのである。

## 物語の天才になる

物語思考は、これまでの章で見て来た通り、ダーウィン的進化のニューロンによる洗練である。問題解決や技術革新を行う、自然の盲目的なメカニズムの、より実り多いバージョンと言える。より専門的に物語思考がしたいのであれば、この進化の核となるプロセスを洗練し続ける必要がある。さらに正確に言えば、進化の核となるプロセスは二つある。創造と選択である。創造は機能上の多様性を生む。選択はその多様性を選別する。

「機能上の多様性」とは「原因の多様性」の別名である。原因とはプロセスであって、キャンベルが物語の本質だと見ていた単語や、表象や、その他の象徴記号とは違う。象徴記号というものは真実や、その最終産品である道徳、意味を生み出す。それに対して「原因」は、行動を生み、さらにその流動的な子孫として、変化や機会を生み出す。

哲学的には、あらゆる原因は同じ存在論的な集団である。実際にはそれらは多様である。

・あなたがエンジニアなら、あなたに典型的な原因は**道具**や**手続き**である。
・あなたが起業家なら、**物**や**サービス**である。
・あなたが政治家なら、**法律**や**スローガン**である。
・あなたが兵士なら、**戦術**や**兵器**である。
・あなたが健康医療産業従事者なら、**セラピー**や**治療**である。
・あなたが小説家や脚本家なら。**登場人物**や**物語世界**である。

この現実世界という立場からすると、創造とは新しい道具や、物や、法律や、戦術や、セラピーや、登場人物その他を作ることである。あるいは旧来の道具、物、法律、戦術、セラピーその他の、新しい使い方を見つけることである。

他方、選択は、こうした道具、物、登場人物その他の効果をランク付けすることである。もしある道具が別の道具より速く切ることができれば、早急な構築という点でより高いスコアを得ることができる。もしある登場人物が他よりも共感を得たならば、感情的なフィクションではより高いスコアを得ることができる。

物理世界においては、非対称的な生活様式の間の対立により物事は常に流動しているので、こうしたランキングは絶対ではない。与えられたタスクでのパフォーマンスに基づく。釘を打つという点ではハンマーはノコギリより上にランクされるが、木材を成形するという点ではノコギリがハンマーより上にランクされる。

したがって究極の道具、戦術、医療、脚本といったものは存在し得ない。それどころか、より良い道具、戦術、医療、脚本も存在し得ない。今では便利なものでも、五分経ったら機能しないかもしれない。私の文化的ニッチではゴミとなっているものも、あなたのニッチでは宝物かもしれない。

私たちは完璧な物語思考を作ることはできないが、より効果的で効率的（生物学の言葉で言えば、少ない被害および廃物でより高い成長を生み出す）といった実際的な意味においてより良い物語思考を養うことはできる。

この改良は大きく分けて、三つのやり方で達成可能である。その三つとは、創造を最大化し、選択を研ぎ澄まし、そして創造と選択とを分離すること、である。

それぞれの基本は以下の通りである。

## 創造の最大化

創造は、何が機能し得るのかに着目することで拡大できる。各原因に特有のポテンシャルを強調することで、機能し得るものが拡大される。

あるいは、普通の言葉で言うと、与えられた道具、物、法律、戦術、キャラクターなどに着目し、それを独特にしているものに焦点を当てることで、脳の創造性を最大化することができる。

その独自性を明らかにするためには、「この原因ができて、他の原因ができないのは何か？　その機能の特異なところ、特別なところ、他にはないところは何か？」と問うことだ。

個別の原因の特異性を強調する習慣（キャンベルの、抽象化によって一般化する手法とは真逆である）を心に持てたならば、以下の三つのテクニックを使って、創造性をさらに高めることができる。

（1）**結果から逆にさかのぼる**。あなたがしたいことを想像するのが最初だが、次にその目的を達成するためにどうすればいいのか、どのような道具があればいいのかを想像する。結果から原因へと「リバース・エンジニアリング」するのである。まさに達成したいことだけを考え、その効果だけを達成するような原因を引き起こそうと的を絞る方がうまく行く。（そうではなくて、多数の効果が達成されるような原因を想像してしまうと、あなたは魔術的思考や、神、シンボリスム、賢者の石といった万能な原因の方へと向かうだろう）。

（2）**原因をハイブリッド化する**。これは生殖や遺伝的組み換えその他、機能面での多様性を増やすために生物が行っていることである。既存の実践や道具使用を、新しい行動を作り出すために混ぜ合わせ、調和させる。ある物語のキャラクターのふるまいと、別の物語世界の機会とを「結婚」させるのである。このテクニックで効果を上げるためには、構造をハイブリッド化してはいけない。それはプロダクトだからである。ハイブリッド化するのは原因となるエージェント、すなわちプロセスである。

（3）**包括的なライブラリーを維持する**。包括的なライブラリーは、歴史上偉大な達成をもたらした道具や戦術を保存しておくことを可能にする。古典的な発明・発見のリストを置いておく場所にするのである。それだけではない。成功しなかった古い道具や戦術も保存しておく。こうした「負け組」も、過去の「勝ち組」と同じくらいのポテンシャルを持っているし、ひょっとしたらそれ以上かもしれない。もしもミケランジェロがシスティナ礼拝堂のない時代に生まれていたら、彼の作品はそこにはなかっただろう…。実現しなかったルネサンスの作り手にこだわることで、今日の短期的なプレッシャーから、明日のポテンシャルを、真に必要になった時の「もう一つの未来」を、守ることができる。

こうしたテクニックに加えて寛容さが必要である。ある行動が別の行動と比べて本質的に優れているといったことはなく、未来は常に不確定であることを思い出していただきたい。この二つの生物的な現実は、いかなる原因も（それがどんなにおかしなものであり、見かけ上受け入れられないものであっても）、人生の次の転回をもたらす力を授けてくれる可能性がある、ということを意味する。

## 選択を研ぎ澄ます

「必要な結果」に対する正確な感覚によって、選択を研ぎ澄ますことができる。感覚が正確になればなるほど、あなたの選択プロセスはより速く、よりムダもなくなる。

明確さを身に付けるには、次のように自分に問いかけるとよい。「最低限の成功とは何か？」と。「考えられる最高の結果とは何か？」「他に成し遂げたいことは何か？」ではない。単純に純粋に「勝利の分水嶺は何か？」「成功を構成する単一の出来事は何か？」である。

以下の三つのテクニックが、選択を研ぎ澄ますのに役立つ。

（1）**厳密にコントロールした実験をデザインする**。科学者がするように、変数を取り除いてすべての試験された行動の影響を孤立させる。それぞれの原因が起こしたことを正確に測定し、道具、法律、キャラクターなどのうち、どれが機能しているのか、いかに機能しているのかを、自信を持って決定することができる。

（2）**最適化ではなく、「十分良い（グッド・イナフ）」で**。論理では成果を最適化することを目標に置く。しかしそれは、時間のない数学的世界の理想主義の話であり、時間のある現実世界ではむしろ危険な追求と言える。動的な、非対称的な競争のある環境では、破滅的な脆弱性を呼び込むことにもつながる。なぜか？　それは、あなたが完璧に対応している環境でのニッチは、いかなる時でも副作用をもたらし、あなたの描いてきた理想を打ち壊す可能性があるのだ。特化はほどほどにして、自分自身の柔軟性を維持していく方が良い。したがって選択する場合も、あなたの希望ではなく、あなたが必要なことに焦点を当てる方が良い（あなたが希望するものは、物語思考のより初期段階である、創造の局面にとっておく）。

（3）**第二世代の成果を優先する**。自然選択においては、子供を持つことが最終目標ではない。子供が子供を持つことを考慮するべきだ。それが持続可能な達成である。短期と長期でバランスを取ることが、生物学的な成功の最低条件である。今日のために明日を犠牲にするのでは、成功とは言えない。

こうしたテクニックに加えて、あなたが創造したものに対する超然とした無情さも必要である。孫を成功させようと思ったら出来の悪い息子や娘を排除しなくてはならない。

## 創造と選択との分離

創造と選択とは根本的に対極にある行動と言える。対極にあるということは、ナラティブとしては生成的だが、論理的には非効率に見える。どちらか一方を他方に従わせて、非合理な衝突を調和に導きたいという誘惑に駆られるかもしれない。

しかしこの種の「改良」は、あなたの進化プロセスを破滅させる。自然選択という実り多い対立を、キャンベルの言う「単一製造」という不毛な統一性へと置き換えるものだ。自然界の方法を前進させ、イノベーションを最大化するためには、理想主義や、完全な錬金術といった夢は、追い払わなければならない。

実際のところ、あなたが避けなくてはならないこの手段は、あなたの創造を事前に判定するものである。あなたが新しい道具、法律、キャラクターなどを思いついたら、それを過去の経験を基に作り替えたり捨てたりしてはならない。これは「選択」を「創造」プロセスに関与させることであり、果樹園に水をやる前に刈り込むようなものである。

また、選択プロセスにおいては決してあなたの好き嫌いを反映させてはならない。ひとたび物語思考をテストすると決めたのならば、新たな生命―形式は無心で厳正に扱う必要がある。これから良くなるといった楽観主義を許してはならない。間引く刃が鈍ってはならない。それは創造プロセスが選択に介入することであり、多様性が自分自身と戦うことを信頼する代わりに、甘やかして駄目にする。

創造と選択との間の仕切りをきちんと守るほど、両者とも増強される。創造はよりナラティブなプロトタイプを産み出し、選択はより活発に、無私になる。他方、選択は、各原因の独自の行動に対する感覚がより鋭敏になり、創造がより特化したオリジナルなものになり得るだろう。

## 物語思考を改良する利点

物語思考を改良する三つの方法は、いずれも容易なものではない。キャンベルの誰でも簡単に使える公式《プラグアンドプレイ》とは違って、ダーウィンの「大釜」という不確実な葛藤へと私たちを落とすものである。私たちの脳を想像と選択に分裂させ、私たちの思考を否応なく、「楽観主義と現実主義」「「何でもあり」と「必ず機能させる」」「自由と規律」といった、反対の方向へと同時に走らせる。

いくつかの疑問が自然と沸いてくるだろう。「なぜこのような頭を酷使する労働をしなくてはならないのか？」「なぜより良い物語思考者になるという挑戦をするのか？」「創造やイノベーション以外に優先順位を置いたらどうなるのか？」「私たちのニューロンが物語思考のために進化してきたという事実に説得されなかったらどうなのか？　おそらくそうだとして、それが重大な問題なのか？」。私たちは歴史や自然に縛られる必要はない。古代のシナプスなど捨て、より合理的な「英雄の旅」という未来を作り出すことができる。

そう、私たちには絶対にできる。しかしいかなる未来においても、ヒトの脳や環境の不安定性は残るだろう。だから物語思考には実際の利益がある。主要な利益は以下の通りである。

・肉体的、感情的、精神的な成長という個人の利益
・個人の自由、成長、達成という生物学的可能性を最大化するような、包括的で強靭なコミュニティという社会の利益
・生命の意味、あるいは少なくともヒトの脳に共鳴する意味を見つけるという精神的な利益。すべての動機から最大のものを引き出す欲望を私たちに与える。

第一の利益については第8章、第二の利益については第9章、第三の利益については第10章で扱う。

このままページをめくっていけば、三つ全部につながっている。

# 第8章　個人の成長のための物語思考

より良い明日のための最も手っ取り早い道は、幸運である。だからこそ幸運は、かくも素晴らしく、偶然に得られた場合常に歓迎される。しかし幸運が次に訪れてくれるのを待つ間に、より良い明日のために最も持続可能な道筋を追求することができる。それは成長することである。

成長は生命の行動である。問題に反応し、チャンスには手を伸ばす。有機的、創造的であり、目的論ではない。いわば、自然であり、予測不能であり、枝分かれする。

成長は自然なものであるので、しばしば、自動的であり、自発的であり、無意識的である。草は成長する。同じようにバクテリアも、菌類も、生態系も、成長する。成長は非意図的なプロセスに限らない。意図的な計画による成長もある。計画によって成長はより速く、多様に、持続可能になる。そしてあらゆる計画と同じように、それは物語思考に由来する。

植物の成長と違って物語思考は、現代生物学の教室では教えられない。しかし知的発達の方法は、ルネサンス期の作家（例えばシェイクスピア）からロマン派（例えばヴィクトル・ユーゴー）、さらに現代心理学者（例えばウィリアム・ジェームス）や進歩改革派（例えばW.E.B.デュボイス）まで広がる経験主義の伝統によって研究されてきた。

このように学者も分野もあまりに多様であるので、共通する点がほとんど（あるいは全く）ないように見えるかもしれない。確かにこの伝統は、ゆるく、まとまりはないに等しく、草原に咲く野生の花々のように自由に広がっている。しかしこの自発的な蔓延を美しくまとめあげた、シカゴ大学の教授がいる。彼はその九十二年の生涯で、シェイクスピアからロマン派、現代心理学、進歩主義まで、この伝統の主要な「サバンナ」を歩き回った。

この長命で越境的な教授の名はジョン・デューイ。彼の考えは「成長を生み出すのはナラティブな対立である」とまとめられる。

## デューイの思考の根源

デューイは一八九二年、大規模な再構築真っ只中のシカゴ大学に招かれた。コテージ・グローブと三五番通りが交わる十エーカーほどの埃っぽい元の場所から、石油王ジョン・ロックフェラーの資金で、ミシガン湖に近い高級住宅地のハイドパークに移転した。ロックフェラーはシカゴ大学の将来の発展を、若きパプテスト（洗礼派）の文献学者であるウィリアム・レイニー・ハーパーに託した。

ハーパーは好古家だったが、革新的な性格で、当時三二歳だったデューイと親しく付き合った。デューイがシカゴ大学の哲学科を建て直すとハーパーは確信していた。事が始まるとデューイは、ハーパーが予期したところよりも進んだ。デューイは学部を建て直すたけでなく、専門的哲学の再創造に着手したのである。

当時、専門的哲学は、一八五九年のダーウィン『種の起源』に端を発する破綻に伴う激痛の中にいた。この書はキリスト教会にむきだしの恐怖を与えたが、哲学の専門学部にも、それより多少は隠された形ではあるが、当惑を与えたのである。哲学科は長らく、永遠の自然形態（例えば動物、合理性、ヒト）を論理の基盤にしてきており、それらが存在論、認識論、形而上学の基盤となっている。自然形態の永続性が、哲学の全体系の安定性を担っていた。というのも、ヒトは永遠であるから、真実や正義も同様に永遠であった。

しかしダーウィンは『種の起源』で、生物の形が不変であるという前提に「自然選択説」で挑戦し、種が進化し、いずれ絶滅する、非合理なメカニズムを提案した。ダーウィン派のナラティブは革新的で偶像を破壊するものであったけれども、説得力は明らかにあった。自然界の複雑さに対してダーウィンの学説は、どのような論理の教科書よりもエレガントに、「なぜ恐竜の化石が存在するのか。なぜオーストラリアとアルゼンチンの動物相には違いがあるのか、例えば尾骨にある尻尾の痕跡から、パニック、憎悪、怒りといった原始的な感情まで、なぜヒトには動物の痕跡が数多く、残っているのか？」といった問題を説明した。

ヒトの起源についてのダーウィンの学説は、論理の、何時でも通用するはずの礎石を打ち崩した。かくして真理や正義や、その他哲学が打ち建てた大聖堂建築は倒れた。

この崩壊は全体で起こってしまったため、多くの哲学者にとって、論理はもはや役割を終えたように見えた。人間がより高レベルの永続性を獲得する手伝いを哲学がするというなら、それはニューイングランドの超絶主義《トランセンデンタリスム》か、ゼーレン・キルケゴールに忠誠を誓うか、あるいはその他の超合理的なものを通してでなければならなかった。

しかし論理は終焉を迎えてはいなかった。アリストテレスから変容してはいたが、ダーウィンの世紀にも二つの画期的な新形式を発展させていた。そのそれぞれが、哲学が人間と同じように進化するという希望の光を灯していた。

## 論理の新たな二つの形式

その一つがゴットロープ・フレーゲの『概念記法——算術を模造した純粋な思考のための、一つの式言語』である。

一八七九年に出版されたフレーゲの野心的な著書はヒトの言語を数学へと転換させようというものだった。単語と文法が算術的な記号と等式になり、人間のコミュニケーションから誤り《バグ》を取り除くだけでなく、言語による概念（すなわち、人間の頭で意識的に表現された思想）を厳密な計算へと還元することで、知性を完璧なものに変容させる。

この壮大なプランを抱えて、フレーゲは論理における古代の統語論を大胆に推し進めた。アリストテレスの『オルガノン』およびその中で展開される厳密だが狭い言辞（「すべての人間は合理的である」「アキレスは人間である」ゆえに「アキレスは合理的である」）を超えて、フレーゲの概念記法は、主語、述語、量に関する柔軟で幅広い言い換えを捉えている。「大部分の人は理性的なふるまいができる。しかしオデュッセウスはほぼ常に合理的という稀な論理の師範である。他方アキレスは概ね、戦争の功績に対して異常に感情的である」。

この突破口《ブレイクスルー》は哲学にとって多大な意味を持ったが、フレーゲほどの革新者でも、自然言語を数式で置き換えるという目標には到達しなかった。数千年前のアリストテレス同様に、「動詞」という問題にぶつかったのだった（第5章を参照）。動詞は行動を表す単語だが、行動には必ず時間が伴い、常に不変である数式に翻訳することはできない。フレーゲは自らの概念記法を、名詞、形容詞、連結動詞〔後に補語をとる動詞〕に限定せざるを得なかった。

この問題に対しては第二の、新たな論理が発明されていた。発明者の名はドイツ観念論者ゲオルク・ヴィルヘルム・フリードリヒ・ヘーゲル。彼は一八一六年、野心的な著作『論理の科学（大論理学）』を出版した。フレーゲの著作の六十年前であるので、ヘーゲルはフレーゲの「概念記法」の穴については知らなかったが、しかしアリストテレスの同じ穴を埋めようとしたものだった。

ヘーゲルはアリストテレスを史上最高の哲学者として崇拝していた。ヘーゲルの最初の偶像はプラトンだったが、それを超えた。ヘーゲルがアリストテレスを崇拝する根源は（古代ビザンチウムの学生や、バグダッドの黄金時代や、中世パリと同じように）三段論法にあった。ヘーゲルは三段論法を無謬、神の永遠理性の内実と見ていた。このようにヘーゲルはアリストテレスによる論理を崇拝していたが、アリストテレスに一つ見落としがあることに気が付いた。それは生命の変化である。論理学者の窓の外では森の緑が空に向かって伸び、論理学者の胸の中では心臓がポンプとして血液を送り出している。こうした肉体の行動は、「である」（being）という状態ではなく、「になる」（becoming）のプロセスである（ヘーゲルの使ったドイツ語ではWerden）。「になる」は三段論法の持つ、永遠の現在時制に還元できない。論理で世界を十分に理解するには、神の住まう永遠の天国を捉えるだけではなく、神が作った「時間のある地上」も捉えなくてはならない。だから論理の拡張が必要である。アリストテレスによる「時間のない同一性」は、生命のダイナミックな動きをも包含できるような、論理的装置を付け加えなくてはならなかった。

ヘーゲルによればこの装置が弁証法である。弁証法の最も有名な公式が、正―反―合であろう（第2章を参照）が、二つの対立するものが第三のものを生み出す場面であれば、どこでも適用できる。「になる」の場合、「存在」と「無」の間に対立があり、ヘーゲルの論理ではそこに生命を生み出す闘争が作り出される。例えばどんぐりの発芽のように、未熟な形態から、意図した通りの完全な形態に至る。自然から神性へ。弁証法から三段論法へ。

ヘーゲルとフレーゲによる新たな論理はあまりにも革命的であったため、最初は確信よりも当惑をもたらしたが、しかしほどなくして進歩があった。フレーゲの概念記法はバートランド・ラッセルによって分析哲学の基礎にまで高められた。そこで、合理的選択理論（経済学）やゲーム理論、コンピュータＡＩといったものを触発し、二十一世紀のビジネス、政府、公教育の論理的インフラとなった。他方、ヘーゲルの弁証法はマルクス主義や、現代の大陸哲学の多くを生み出した。

さらにその道はデューイにもつながっていた。

## デューイは弁証法に向かい、そして超える

一八八一年、デューイは大学を卒業したばかりで、故郷のバーモント州を回り、月曜から金曜ま

では小学校で教え、土曜日は哲学雑誌を眺めていた。この二つの探究で英気を養い、デューイは一八八二年の春、この二つを結びつける道を探ることに決めた。週末の読書と、週日のシラバスの両方を運べるくらい大きなトランクを抱えて彼は南へ向かい、ジョンズ・ホプキンズ大学の博士課程に入学した。

　同大学でデューイは、史上最も優秀な論理学者の一人であるC. S. パースと出会った。しかし、パースが過度に「数学的」であると判断したデューイは、その代わりにヘーゲルの弁証法に没頭した。生命の動的な性質を描き出すという弁証法に興奮したのだ。

　ヘーゲルの弁証法に説得されたデューイは、もし二十五年前にそれと出会っていたならば、ロマン派になっていただろう。しかしながらこの四半世紀にはダーウィンの『種の起源』出版もあり、この本もジョンズ・ホプキンズ大学の哲学図書館に入っていた。自然選択の話を読むうちにデューイは一つの啓示を得た。「ヘーゲルは論理を過小評価した。問題は論理が変化を処理できないということではなく、論理が決まった道筋に変化を固定しているということである。その道筋では、論理は理想に向かって進むか、でなければ後退する。前者は成長であり、後者は崩壊である。しかし、論理という時間のない領域では、変化自体が変化することはできない。常に進むか退くかである。列車が永久に上り下りを繰り返しているようなものだ」。

　この「変わらない運動」がアリストテレスに、生命とは目的を持ったものであるとの考えを促した。あらゆる生物は、どんぐりであっても人間の子であっても、あらかじめ定められた形へ成長する運命であるというのが、彼の考えである。ヘーゲルによる新たな論理である弁証法も同様である。弁証法によれば、「になる」(becoming) は「である」(being) へ向かう道筋で通らなければならない段階であり、完全な脈拍へ向かうことを運命づけられた心臓の鼓動であった。神の数学的な精神の中で、理想の波形を描いている心電図のようなものである。

デューイにとって、このように描き出された理想主義は感情的に惹かれるものがあった。しかしこうした論理は、ダーウィンの『種の起源』によって切り離されたと、デューイは即座に見て取った。『種の起源』は目的論を排し、生命体は無目的に分岐していることを暴露していた。これは論理にとっては恐ろしいことである。「永遠」が終わることを意味するから。しかし生命にとっては解放になり得ることを、デューイは悟った。生命体を価値と意味の絶対的なヒエラルキーから自由にし、そのことで言語も自由になり、「合理的」とか「人間」といった言葉が、常に同じ意味作用という檻から解き放たれる。言葉は真実を語ることを強制されるより、むしろ芸術の道具となる。物語を語り、法律を作り、倫理について会話する、有用な道具となる。

哲学のこのダーウィン的な革命をデューイは歓迎したが、しかしヘーゲルから得た全てを捨て去ろうとはしなかった。ヘーゲル弁証法の瓦礫の中から、核となるイノベーションを一つ救い出した。成長という行為である。

## ヘーゲルからデューイへの成長

ヘーゲルの論理では、「成長」は「になる」の同義語である。生命のプロセスであり、生きるという行為である。

成長を強調した哲学者はヘーゲルが最初ではない。アリストテレスの形而上学でも、成長は重要な役割を果たしている。しかしヘーゲルはひねりを付け加えた。アリストテレスが、精神や身体の成長を自然のアルゴリズムの結果と見ていたのに対し、ヘーゲルはそれを、対立する要素同士が衝突することの産物として扱った。

ヘーゲルの論理では、成長は計算によるアウトプットであることを止め、葛藤の子孫となったのだ。

この、葛藤から成長が生じるというヘーゲル的ダイナミクスは、ヘーゲルには想像もできなかった理由で、デューイを興奮させた。ダーウィンによる新しい科学の最も厄介な側面を、別のやり方で作り直す方法を提供してくれるからである。この新しい科学によれば、生命の誕生に理由はなく、また、特定の目的地に向かっているわけでもない。目的もないのに、戦いのための戦いを続けている。こうした的外れな暴力は人間の脳を狼狽させ、だからこそダーウィンの取り巻きでさえ彼を支えるのはいやいやながらだったのだ。ダーウィン自身と同じように、彼らは自然が無目的な闘争と思いたくはなかった。『種の起源』の厳密な科学が許容してくれる知的に誠実な選択肢は、生物という存在の根本的な悲劇を受け入れることだけだった。

しかし、闘争が成長を生み得るというヘーゲルの主張からデューイは、ダーウィン派の「目的にまつわる葛藤」に賭ける方途を見出した。その目的は「アリストテレス的自然」や「ヘーゲル的弁証法」といった論理的なものではなく、独自の一貫したメカニズムを持つ「ナラティブ」であった。ナラティブは物語《ストーリー》のように、葛藤によって生み出され、やはり物語のように、永遠の真理を含んでいるからではなく、生命活動の新たな可能性を発見したり、驚き、希望、意味付けといった強烈な感情を刺激したり、といった経験を提供するために、精神に共鳴するのである。

デューイはこのナラティブの自然哲学の概要を、一八九八年に発表した一元論的エッセイ「進化と倫理」でまとめ始めた。なおこのタイトルは、トマス・ヘンリー・ハクスリーがその五年前に行った講演のタイトル「倫理と進化」を逆にしたものである。ハクスリーはダーウィンの自然選択理論の忠実な支持者で、「ダーウィンの番犬」との綽名を獲得した。しかしこのやっと手に入れた評判にもかかわらず、ハクスリーはダーウィン思想の道徳上での結果について深く思い悩んでいた。ハクスリーは自分の講演では、人間の究極の目標は進化を超えた進化であり、自然界の盲目的な残酷さを、文明化された慈善で置き換えることだ、と宣言している。「私たちが『善』や『美徳』と呼ぶような、倫理的に最善なふるまいは、あらゆる点で、生存のための宇宙的な闘争での成功を導くものとは、真逆の行為を含んでいる」。

この「自然からの脱出」は、ダーウィンの学説を歪めた社会ダーウィニズムや優生学という疑似科学の批判を意図したものである。この二つの疑似科学は、ハクスリーだけでなくデューイをも驚かせた。しかしデューイは、支配者民族を作り出す試みへの嫌悪感はハクスリーと共有していたが、ハクスリーの反ダーウィン的な「もう一つの道」にも困惑していた。実際のところ、ハクスリーの「倫理」をデューイはあまりに反生物的だと感じ、自らの講演では「文字通りの反生命」だと非難している。「動物から受け継いだものはそれ自体が、その知性が提案するような目的との関係を離れて邪悪であるとみなしている人は、論理的に、ただ一つの結論として涅槃を探し求めることになる。彼にとっては自己否定の原理が絶対になるのだ」。

ハクスリーの、生命を終わらせる非物質主義に替えて、デューイは成長のナラティブを重視した。


科学の成長、科学による発明の産業への応用、移動や交流手段の増加および加速…こうした環境の中で、機能の柔軟性、同一の器官が使用される範囲が拡大することが、大きく考えて、成功への大きな、おそらくは最高の、条件であろう。そうした方向での変化は、選択されなくてはならない好ましい変種である。

進化の結末はかくして、生命の「機能の柔軟性」を増やすこと、言い換えると、ハクスリーの主張とは逆を行うこととなった。善悪についての永遠の規則を案出して自然界を飛び出した、人類という最も啓蒙化された生命形態が頂点なのではなく、進化はより変化の可能性がある方へと進んでいく終わりのないプロセスなのである。人類は、他の指と向かい合わせにできる親指、策略を行う脳、さらには近代科学といった、必ずしも目的が定まっていない道具を進化させてきた。それらは皆、将来の行動の選択肢を広げるという基本的な機能を持っている。ハクスリーが、進化が時代遅れである証明だとみなした人間文化は、そうではなく、自然選択が意図せずに行ってきた「生物がより多様に行動する能力を成長させる」という倫理を、進化が意図的に促進してきた証拠である。

ダーウィン進化論を再考することで、デューイはシカゴ大学の専門的哲学科を再起動させた。永遠に不変の意味作用という形而上学的な理想に替えて、機能を多様化するという身体的なメソッドを導入し、葛藤を論理的な問題（三段論法や抽象化や合理的意思決定で解かれるべき問題）から、（個人的な成長に向けての）ナラティブな機会へと組み換えた。その結果、闘争を文化的・科学的なイノベーションの源泉として利用する倫理学が生じ、多様な生の間で生まれる機会を、より良く成長するための実際的な方法のテコとして活用した。

この「進化倫理学」の豊かな可能性は、デューイのロマン派の先駆けである人々から得られたものだった。具体的には、ヨハン・ゲーテ、ヴィクトル・ユーゴー、シャルル・ドラクロワ、ヴィンセント・ヴァン・ゴッホ、そしてシェイクスピアのドラマの活き活きとしたぶつかり合いの中に啓蒙主義の倫理へのオルタナティブを探る他の哲学者・芸術家たちである。デューイの後継者たちからもさらに可能性は得られる。デュ・ボワ、ロナルド・サーモン・クレーン、マーティン・セリグマンといった、進歩的な教育者や心理学者である。

こうした可能性はいずれも追求する価値があるが、私たちはここでは、まとめるために、「葛藤が個人に三種類の成長をもたらす」という一つのナラティブに話を絞りたいと思う。三種類とは、身体、感情、知性の三つである。

## 個人の三種類の成長

**身体の成長**：身体の成長は、精神と身体の間の葛藤によって生み出される。この葛藤は、内在的かつ自動的なものだが、あらゆるナラティブ・プロセスと同じように、意図的な物語思考によってより実りあるものにできる（第7章を参照）。私たちの身体の可動域を増やすために、三つのレシピを紹介しよう。

1. 現在の私たちの身体の可動域、すなわち身体の今のナラティブについて、精神の声を聴く。
2. こうしたナラティブを使い、私たちの身体を定義するのではなく、身体で何ができるのかについて思索する。
3. こうした思索を、私たちの身体が試すべき、新たなナラティブにする。

身体が新たなナラティブを試すのを助けるために、私たちの精神はダンスのパートナーのようにふるまうことができ、倒れるほど行き過ぎにならないようにしながらも、快適な環境を出るようにと促す。つまり精神は、身体自身よりも身体のことに自信を持つことができる。それは精神が身体と違って、身体がそれまでしたことがないことをする可能性を認識できるからである。

▼ ▼ ▼

**感情の成長**：感情の成長は、身体の成長というナラティブ行動の上に立脚している。私たちの精神が、精神それ自身が望む物事よりも多くをもたらすような新しいふるまいを試すように精神が挑戦する時に、感情は成長する。この相互作用する、精神的・心的な闘争が、柔軟な物語を産み出し、（悲しみ、トラウマ、怒り、孤独、悲観といったネガティブな感情を減らすことで）メンタルヘルスを養い、（驚き、目的性、喜び、愛情、勇気、感謝といったポジティブな感情を促進することで）ウェルビーイングを改善する。

挫折した時に自分に向かって「運が悪かっただけ、この失敗は私の中の本質的な部分が生み出したことではない」と言い聞かせることで、不安のスパイラルから脱出できることから、このプロセスの持つ柔軟性は明らかである。別の挫折の際には逆に、「これは私のミスだった。私のせいだったが、私はそこから学ぶ。私には自信があり、自己決定力を確信している。たとえ他の要因があるとしても、私はこの失敗に対して責任を十分に取る」と自分に言うことで、自分を力づけられることも分かるだろう。

この二つの物語は、人生の浮き沈みをテコにして、感情面での強靭さや積極性の源泉にする方法のごく一部である。世界の文学の中には、私たちの耐性や喜びを増大させるナラティブの「図書館」がある。それは私たちの物語を語る脳が日々、これまで見たことのなかった登場人物やプロットによって膨らませている図書館である。精神はそれぞれ違っているので、状況もまた多様である。セラピーや成功に関して普遍的な正誤はない。

▼
▼
▼

**知性の成長**。知性の成長を支えるのは感情および身体の成長である。私たちの精神は、本当は心ではなく脳に宿っている。感情的および身体的に脳が健康になるほど、より高度な知的作用が育つ。

この知的成長は無限の方向に枝分かれし得る。だが、すべてに共通していることが一つある。それは、私たちの脳の行動範囲を広げ、人生において出会う障害やチャンスに対してより良く適応することができるようになるということである。かくして知性の成長の核にある生物的機能は創造的な計画を増やし、物語思考の多様性や、綿密さや、独創性を拡大することである。

知性の成長も、身体や感情の成長と同じナラティブ・プロセスによって生成されるが、ひとつひねりがある。精神は身体や心に挑戦するのではなく、精神それ自体に挑戦しなくてはならないのだ。

この「自己への挑戦」では精神は二つに分かれなくてはならない。こうした分裂は、論理的にはパラドックスだが、心理学的には真っ当である。私たちの脳にある、見方を変えるネットワークによって、自分自身を独特の挑戦をし、機会を持つような異なったキャラクターだと想像することができるのだ。だから自然の物語世界の中で独自のプロットの可能性を持つ（第2章を参照）。その結果、私たちの精神が宿る内的な劇場においては、シェイクスピアの演劇のように、可能性のある行動と別の行動とが争い、私たちが試したいと思うような新鮮なふるまいの台本が生み出される。

この新たな台本は、私たちの精神が私たちの身体や精神に挑戦する方法を拡大する。身体や感情の成長が知性の成長をもたらすように、翻って、新たなテクノロジー、新たな芸術作品、新たな政治プラットフォーム、新たな科学的仮説、新たな社会運動、新たなビジネスプラン、新たなその日の予定などを触発するような、創造的な情熱や実践を作り出す。知性の成長は、それ自体が目的となり得る。精神的な自由を提供してくれ、頭脳の最高の生物的な目的を考える可能性を刺激する。日々がチャンスに溢れる。

私たちの精神が自分を成長させるためにできることを全て行ったとしたら、その時点で、「ここからさらに成長できるのか？」「個人の成長を超えて社会の成長に向かうことができるのか？　生命のポテンシャルを、個々の物語思考者《ストーリーシンカー》たちの想像を超えて、より広く、より高く拡大するような、知的なコミュニティを押し広げることができるのか？」という、新たな疑問が沸いてくる。

そう、次章で探求するように、私たちにはそれができる。

# 第9章　社会の成長のための物語思考

社会はどこから来たのだろうか？　社会は私たち個人を支えるだろうか？　それとも拘束するだろうか？

こうした質問にはトゲがある。それについて考えるあらゆる思索者を刺してしまうほどだ。しかし、これに対する答えに至ることが約束された出発点は、はるか昔、一六世紀フィレンツェ郊外の霜の降りた小麦畑の中の粗末な小屋で書かれた。そこは、王子の取り巻きが再びやって来ることに備えて、煉瓦作りだが異例の、逃げるためのトンネルがある部屋があった。

## 粗末な小屋で

それは一五一三年一二月一〇日のこと。

暗い土壁の中で机に向かっていたのは、当年とって四十三歳のニコロ・マキャベリだった。八カ月前彼は、生地フィレンツェから追放されてここに来た。といってもフィレンツェはまだ近く、夕明かりの中で広場で大騒ぎする人の笑い声を聴くことができたが、その音は痛みを伴うものだった。王子の取り巻きに縄で吊るされて肩を痛めつけられた記憶が蘇る。しかしそれを振り払い、マキャベリは羽ペンを酸化鉄のインクに浸して、田舎での新たな暮らしの物語を書き留めた。「夕暮れ時まで私は、雀を捕まえ材木を積む。家に戻り書斎に入る。ドアのところで泥まみれの上着を脱ぎ、最良の服に着替える。きちんと着用したら、いにしえの人々が待つ法廷へと入る。そこでは温かく迎えられる。私は、私のための「食料」によって成長する。わたしはいにしえの人々に、その行動の理由を尋ねる。彼らはそれに対し、親切に答える」。

マキャベリはこのように過去と対話をすることで、後ろ向きに道をたどっているように見える。しかし、彼を有名にしたプロットの脱線で、質問と応答のセッションが彼を「イノバトーリ」(イノベーター=革新者)と呼ぶ独創的な人間集団への参加へと導いていった。

イノベーターとは新しい法を作る人である。すなわち、社会的行動の新たなルールを作る人である。マキャベリの考えでは、そこにはヘブライの預言者であるモーセや、共和政ローマの創設者たちも含まれるが、彼ら特有の同一性よりも重要なのは、彼らが示したこと、すなわち、論理だけでは倫理的には不十分だという事実である。論理は中世のキリスト教会に対して、道徳は時間を超えた意味を持ち、翻って、あらゆる善行は神によって予め裏付けられている、との結論へと到らせた。

教会の敬虔な見方からすると、行動の新たな規則など、定義上、悪であり、それはエデンの園におけるイブの原罪によって実証されている。

マキャベリはこの考え方に同意しなかった。「イノバトーリ」の例を彼は、革新的な社会行動が人間の生活を良い方へと変える証拠と見ていた。そして彼は、流刑の田園生活を書いたのと同じ年に、同じ机に向かって、革新への熱狂を表明したのだ。これが彼の最も悪名高い著作『君主論』となる、

『君主論』には独自のイノベーションがある。中世の政治哲学にあった合理的な教義に代えて、マキャベリは「策略」という物語作品を提出した。策略のうち最大の例は『君主論』それ自体である。マキャベリが今の取り巻きよりも冷徹な考え方を持っていることを証明し、王子の好意を得ようとして書かれた作品だ。この粗末な小屋を出てフィレンツェへ戻るための賭けだった。

しかしマキャベリは賭けに負けた。王子は『君主論』に強い印象を持たず、マキャベリは陰鬱な机に置き去りにされた。しかし希望を捨てていなかった。彼は古人の間を往来し、次の会話の相手にはローマの歴史家ティトゥス・リウィウスを選んだ。リウィウスはこの粗末な小屋から二百キロほど北にあるパドヴァに、マキャベリより十六世紀も前に生まれている。リウィウスは前半生を、党派的政治や内戦を避けて故郷に引きこもり、中年になってから故郷を出て、彼が歴史の中で最も偉大に感じた話を記述した。それはローマである。そのひそやかな誕生からカエサルの帝国まで、

ローマを描いた。

その結実が一四二巻に渡る年代記である。トロイからの避難民たちがイタリアに新たな都市を築いてから、驚くほど豊かな帝国となるリウィウス自身の時代まで記されている。あまりに分量が多いので、後世の古文書管理官たちはその全てを書き写すことに倦み、要約を作った。マキャベリの時代、この書のオリジナルは四分の一程度しか残っておらず、残りはパピルスの塵になるか、図書館の蛾に齧られるかしてしまった。

しかしマキャベリは断片からでもリウィウスの声を聴き取ることができた。毎晩マキャベリは畑仕事から帰ると正装して、その声に耳を傾けた。「あなたの行動の理由は何ですか？　そして、あなた以前の人々の行動の理由は何だと、あなたはお考えですか？」

その答えは驚くべきもので、マキャベリやリウィウスがそれまで書いたものと全く違っていた。マキャベリはこの着想を記録するために、新しい羊皮紙を用意し、『ディスコルシ　リウィウスとの対話』というタイトルをつけた。その波立ったページに、マキャベリはより良い策略のための計画を書き留めている。

策略は王子を巻き込むことはなかったが、その代わり「自由な社会」に関わっていた。

## 「自由な社会」の青写真

『ディスコルシ』は政治哲学の名著として、今では世界各国の大学で研究されている。中世のスコラ学者がオックスフォード大学やパリ大学でアリストテレスの『政治学』を理想的な王政への洞察を与えてくれるものとして探究したように、近代の学者は共和制の原理を打ち建てたものとしてマキャベリの著作を読む。さらに、「自由な社会」の起源や作用について、よく考えられたテーゼ（おそらくは最終的な真理）を含むものとして、マキャベリの著作を扱っている。

そうすることで学者たちは、勤勉に、熱心に、そして完全に、ポイントを外してしまう。この著作は良い政府の原理を合理的に追究したものではない。前後の関係が不明瞭であったり、逆転があったりする。序文でマキャベリは、古代を復興させることで革新を行うという彼の計画を宣言し、性急に以下のようなパラドックスを含んだ断言を行う。

・同書の最初の章ではローマを、当初から成功が明らかに運命付けられていた都市として描いている。しかし二章では全く反対に、幸運に恵まれた場所、創設者たちが設計できなかったことを偶然で得たところと描いている。

・同書の一巻には大きな矛盾語法がある。「私たちはここに、ローマ元老院の揺るぎない徳を見る。常に、何であれ、過去のふるまいを否定することを恥としない」。これは言い換えると、常に不規則であって、常時揺らいでいる組織ということである。

・同書の二巻は、彼自身が矛盾していたのではないかというマキャベリの自己観察から始まる。いかなる点であれ、彼は自身の観察に論駁する。さらなる矛盾へと落ち込む前に。

こうしたジグザグな道筋は論理的には悩ましいが、動機としてはまっすぐだった。マキャベリはあらゆる場合にあてはまるような、時代を超えた理性を信じていなかった。あらゆる状況が独自なのであり、それに合わせた政治が必要だと考えていたのだ。「行動は、特に大きな行動を起こすのであれば、時流に合わせなくてはならない。時流に反した行動は、それが心理的な衝動からであっても私たちの自由意思からであっても、失敗し悲惨な結果を運命付けられている」。マキャベリは自由を称えるが、同時に独裁者も称える。マキャベリは敬虔さを崇めるが、彼自身には宗教心はない。マキャベリは派閥争いを厳しく非難するが、偉大な古代ローマでの貴族と平民との派閥争いは信用するのである。

この柔軟性は、マキャベリの悪名高い「大プラグマティスト」という悪名高い評判の原因であった。さらにもう一つ、別の謎も生まれる。状況が許す限り「何でもあり」と主張している書物から、役に立つアドバイスなど得られるのだろうか？　『ディスコルシ』は成功は偶然が生み出すという主張をくどくどと述べているだけなのではないか？　より良い社会へと舵を切るための、予測可能な方法などないと言っているのと同じではないか？　あるのは事実の後付けのずるい合理化だけではないか？

つまり、政治的道具主義とは本質的に、実際上の方向付けなどできないものなのではないか？　数学的にはその通りである。マキャベリの発言には矛盾があり、まとめるとゼロになってしまう（文字通り。何かに、同じだけの負の数を足せばゼロになる）。しかし、『ディスコルシ』に論理的な実質がないとしても、もう一つの知的メカニズムである「ナラティブ」からすると、有用なガイドとなってくれる。

『ディスコルシ』の至るところにナラティブがある。リウィウスのローマの元の物語を再話しながらも、歴史上の寓話を加えて生き生きと描き出している。「ホラティウス・コクレスが敵を寄せ付けなかった有名な話…キンキナトゥスが小さな畑を耕す話…民主政で一時期ヒーローになったマンリウス・カピトリヌスの話」。こうした伝説的な逸話では、ナラティブの持つ、論理的ではない原因と結果というエンジンが容赦ない形で強調されている。「これの原因は…であった、これの原因は…であった」。これがプロットにひねりをもたらしている。「かくして共和制は君主制よりも良く生き残り、長く幸運を保った。というのも、人々の多様性によって、時代の多様性に対しより良く適応できたからである」。この文章は、「君主制より共和制が優れている」という合理的な格言として誤解しやすい。しかしこれはもう一つの「論理破壊」なのである。『ディスコルシ』のナラティブにおいて、共和制を共和制たらしめているのは多様性である。そして多様性とは、完成できるような性質ではない。統一性（君主制を君主制たらしめる特質）とは違って、多様性には永遠の終着点はなく、理想的な頂点もない。量的にだけでなく質的にも、常に増大し得る。違った思考、違った行動は、無限に方法がある。

成長のための無制限の空間があるからこそマキャベリは、政治的成功の究極の源泉はイノベーションだと宣言したのである。そして、創造的な行動を強調したために、別の論理的な袋小路へと入っていった（新規性は計算で算出できるものではなく、オリジナリティを生み出すアルゴリズムも存在しない）。ここでも前へ進むための扉は、物語によって開かれる。マキャベリによる共和制が、「永遠の真理」などではなく、「歴史が与えた機会」であることを明らかにするのも、物語である。言い換えると、共和制は時経る間に偶然にもたらされたものだが、ただの偶然よりも上手く機能し、合理的なオルタナティブよりも信頼できる一連のふるまいを生み出したということだ。この「予期せぬ幸運《ラッキー・ストライク》」は、計算によって反復できるものではない。それを生んだナラティブ・プロセスを培うことによってのみ、継続できる。いわば過去の共和制についての物語を再話することによってのみ、その性質に生気を吹き込み、ローマの物語それ自体を超えて拡張し得る。

『ディスコルシ』が勧めているのはこうした拡張である。自分を、政治学の最終的な結論を出す人間であると特別扱いするのではなく、マキャベリがリウィウスを読んで行ったことを読者にもするようにと誘っているのだ。「私のナラティブという仕事はまだ完成していません。しかし他の人の助けを借りることによって、だれかがこれを完成させることができると信じるところまでは、仕事を終わらせています」。この「招待」に応じて、後世の多数の物語思考者がその策謀《プロット》を受け継いだ。彼らが共同の科学や、自由や、倫理の未来について書き継いだ話は、いくつもに枝分かれしている。

・一六二〇年代、フランシス・ベーコンはマキャベリの『ディスコルシ』を『ニュー・アトランティス』へと作り替えた。この小説は、人生に起きる「多様な」問題に対して、何人もの「多様な」経験主義者たちが、「多様な」解決策を発明するユートピア物語である。

・一七六二年、ジャン＝ジャック・ルソーは、マキャベリの『ディスコルシ』を拡張して、『社会契約論』の「人々は自由だがあらゆるところで鎖につながれている」という人口に膾炙したナラティブにした。

・一七七六年、トマス・ペインは、マキャベリの『ディスコルシ』を改造して、『コモン・センス』の「宗教に関する意見については多様性があるべきだと、私は十分に、そして良心に従って、確信している」という表現にした。

そして私たちが望むのであれば、この策謀《プロット》に今や私たち自身も加わることができる。

## 策謀《プロット》に加わる

前章においてデューイの、個人の成長に関する方法《メソッド》を明らかにした。私たちの物語思考する脳と、体のそれ以外の部分との実験的なフィードバック・ループである。マキャベリの、社会の成長に関する方法《メソッド》も同様だが、イノベーションが関わっている。実験的なフィードバック・ループは、ある物語思考する脳と、別の物語思考する脳との間で機能している。それは私たち二人の、接続した物語思考者だ。

このような形で私たち同士が結びつくことで、私たちはお互いの実験の観察者の立場になり、お互いのイノベーションの可能性を、経験に基づいた補強を通じて形成された即興的な行動によって高めるのである。小説の登場人物のように、私たちは物語を長くするオリジナルの策謀《プロット》の中で出会い、一人だけが英雄として旅に出ることに焦点を当てた台本よりも、ナラティブが枝分かれするチャンスが多い。

実際のところ、私たちが王子のふるまいを逆転させた時、社会実験は行われている。私たちは人々に将来何をすべきかを話すよりも、彼らに過去の行動の理由を尋ねるのである。粗末な小屋でマキャベリが机に向かい、古人に尋ねたのがこの質問である。

私たちが仲間の市民に対して、ただ同じ質問を投げかけたらば、返ってくるのはおそらく心理学的な動機、すなわち、ふるまいの底にある生物学的な原因を知ることができる。これは、将来において彼らが何をするか（何をすべきか、ではなく）を探究する手助けになり、そうした探究から、たった一人でいたら想像することもなかったような可能性を生み出す会話が出てくるかもしれない。仲間の市民が将来の創造的な選択肢を増やすのを手伝うことで、お返しに、私たち自身の過去のふるまいについて尋ねることで好意が寄せられることもあるだろう。行動の可能性が同時に発展して行くのだ。

お互いに成長するというプロセスは、古典的リベラリズムが主張する自由とは大きく異なっている。古典的リベラリズム（およびその子孫であるリバタリアン）では、自由は論理的に、数学の法則と同じような不変の権利であって常に真であったし、これからも常に真であるとされる。この永遠の原則に従うと、社会とは自発的に集まった個人による産物であって、個人はその富を守り、寿命を伸ばすために契約を結ぶ。相互の自己利益から発生した合理的な選択であって、既にある財を維持するために設計されている。

物語思考はそれに対抗するナラティブを提供する。民主的な社会を創造したのは個人ではなく、逆に民主的な社会が個人を創造した、というものだ。これは論理的ではないが、生物学的行動のストレートな結果として展開してきた。まず初めに自然状態では、あなたも私も個人ではない。私たちはそれぞれ自分自身が全社会であり、国家の仕事全体に対して責任を負った。私は私の食料を全て作り、自分を守り、衣料を作り、娯楽を作った。あなたも同じである。あなたは農場主、兵士、仕立屋、脚本家の役割を担った。あなたの帝国であなたは全ての役割を一人で行った。

しかし私たちは知り合い、専門分化の可能性が生まれた。私たちが共に生きれば、私が農場主になり、あなたが兵士になる、ということが可能となった。私たちの共同のナラティブにより多くの人々を招待すれば、さらなる専門分化が起こり得る。私が農場主、あなたが兵士である他、仕立屋や脚本家が加わり、そこからさらに、様々な種類の服作りやエンターテイナーが加わり、彼らはそれぞれ独自の縫い方やパフォーマンス技法を持っていた。かくして私たちの社会はより個人的になることが可能となり、「一人で何でもする」という生活様式から、それぞれが独自の役割を持つ社会に変わったのである。

このナラティブ・プロセスは、共和制をより強靭にするような、行動の多様性を生み出した。そして私たちはより繁栄し、幸福になった。さらにもう一つ、「信頼」を生み出した。個々人の役割の変化と協力関係によって、信頼という感情が生み出された。信頼が、共和制をつなげる組織として役目を果たし、個人間の絆を強固にし、より広い民衆を結びつけた。

このプロセスで驚くのは、社会を結びつけたのは信頼だけではないということである。このプロセスはナラティブなものであるので、同時にもう一つのメカニズム「対立」をも生み出している。

## ナラティブな対立で結びつく社会

対立が社会的な融合の源泉になるとは、直感に反しているだろう。しかし、単純な理由によって、対立は物語を結びつけるのである。対立には、一人と一人が対立しているものだけではなく、共闘するという関係もあるのだ。対立している相手に勝つために、関係を深めて行く。だからこそ対立は永続しやすい。物語の中で対立があれば、その話には続きがある。

共和制の場合、闘争が特別な商品である「自由」をめぐって行われるという事実によって、対立にさらなる武器が与えられる。自由を商品と呼ぶことは、自由が「人工的なもの」であると認めることである。ルソーや自然から手渡される生来の権利ではない。生きていくためには何でもしなくてはならないという重荷から、社会が（物語思考のナラティブを通じて）私たちを解放してくれた時、自由が現れる。私が農民になればあなたは穀物の種を蒔かなくて良いし、あなたが仕立屋になれば私は衣類を縫う義務から解放される。こうした専門分化がさらに進むと、解放もさらに進む。あなたも私も、石鹸、トウモロコシ粉、靴、歌、テーブル、その他何百万のものを生産する必要がない。私たちは解放され、個人的な好みに合うような仕事（や趣味）に専念することができるようになる。

この自由こそが共和制の中で最も価値の高い商品である。そのオルタナティブ（強制的に労働させられる）は不快であり、気力を挫く。多くの場合、私自身の人生を描くチャンスが与えられるということは、力を与えられる楽しい経験であり、さらなる自由が恒常的に欲しくなる。このことは共和制の中で私たちは、同じ市民たちと、誰がより自由を獲得するのかをめぐって争うことにほとんどの時間を費やすということを意味する。

これは特別な社会的役割をめぐる争いである。もし私がモノづくりの道に入りたいのならば、プロのエンジニアを志すあらゆる人との争いに自然と巻き込まれることになる。もし私が劇場の支配人になりたいのならば、俳優や観客を同時に求めている人全てとの争いに自然と巻き込まれる。こうした争いで、攻撃が大っぴらに行われるとは限らない。ライバルから学ぶこともできるし、将来の展望が立つならば互いに「師」として敬意を表することもあるだろう。しかし同時に、チャンスは狭まり、勝つのが困難とも感じるだろう。それで私たちは、その創意や資源、意志の全てを費やして、自分と社会的役割がかぶる人を打ち負かしに行く。

個人の観点からすれば、この種の対立は野蛮に見える。希望が打ち砕かれ、キャリアが終わり、感情として多大な痛みを感じるかもしれない。自由があることは精神的に望ましいと考えられているので、自分の選んだ分野に他人が入ってきて追い落とされることには大変な恐怖を感じる。しかしそうであっても、対立があることは社会の成長には多大な貢献をしている。そこには二つの理由がある。

1．対立がさらなる専門分化を起こす。対立する二人がもし全く同じ仕事をしているなら、両者とも勝つというのはまず無理なので、自分の特質を生かしてより可能性のある分野を探させ、衝突の中でも自由に生きるための場所を確保するようなオリジナルのふるまいを発展させる。つまり対立が、独自のモノづくりの能力を発展させ、あなたも私たちが生き残る確率が上がることに貢献し、もし私たちの能力がある程度違っているのなら、私たちは両方とも生き残ることができる。

2．対立の破壊力は限られている。というのも、私たちの自由は相互依存しているからである。社会の多様性が増えるほど、私は独自のことを行う自由を得る。長い目で見れば、独裁的にふるまうことによって、誰も得しない。もし私が他者をコントロールし、その成長を制限するならば、彼らの成長がもたらしてくれるであろう自由を私が失うことになる。各個人にはライバルを潰したいという傾向があるとしても、社会全体としてはそのような被害を防ぐことに利益がある。もし私が、町で唯一の劇場経営者になろうとしてあなたの劇場に火を放ったら、私は他の人すべての二種類の娯楽を楽しむ自由（あるいは二つの種類の演劇のオーディションを受ける自由）を奪うことになる。そしてもしあなたが私を絞首刑にせよと主張するとしたら、あなたも同じように自由を奪うことになる。だからこそ共和制は、対立による悲惨な結果を常に避けるためのチェックを組織的に備えることで、イノベーションおよび連携の源泉となる機能を最大化させる。

イノベーションと連携との社会的な最大化がナラティブに対して行っていることは、コンピュータＡＩが論理に対して行っていることである。つまり、スケールが変わる。ＡＩが孤独な論理学者よりも早く計算問題を解けるように、物語思考のコミュニティは孤独な物語思考者よりも創造的に、行動をプロットできる。マキャベリの共和制は、人生の移り変わる流れに適応する実際的なプロセスとして優れているという主張を、体現している。

そして本書も終わりに近づいた。

## 本書の終わり

本書は、プラトン以前の賢人たちが、「私の人生をいかにしてより良くするのか」という、人間古来からの問題に挑むために整えていた、「物語」と「思考」との連携の回復を誓うところから始まった。

これまでの各章でその約束はうまく果たされて来たのではないだろうか。人間知性のナラティブという歯車に、おそらく光を当てることができた。こうした歯車が個人および社会の成長を促し、あなた自身の物語思考の倫理の計画を手伝うことができるだろう。

いやそうではないかもしれない。おそらく物語に潜む旧来の問題に陥っているかもしれない。「データの自由」を回避しているかもしれない。真摯な思索を欠いた緩い思考で楽しませたかもしれないが、著者特有の歪みが露わになっただけかもしれない。

いずれにせよ道を下れるところまで下ってしまった。車輪があなたを連れて来た場所に価値がないと思うのならば、ここで自信を持って車から降りればよい。もしこの旅にさらに続けるだけの価値があるなら、それはあなた自身の次の里程標《マイルストーン》に到達するくらい十分に進んで来たということだ。

しかし、もし里程標が見つかっても、旅を続ける意欲を見出せないかもしれない。正反対の感情である無気力に囚われるかもしれない。ここまで来て本書には、かなり重要なことが抜けていることに気づくかもしれない。

そう、かなり重要というより、「非常に重要」「とてつもなく重要」である。本書はここまで来たが、これまでの章で、どこに向かっているのかを説明しないで来た。より哲学的に言うなら本書は、人生の根本問題が「どのように生きるのか？」であるかのように、愚かさからあるいは怠惰から、ふるまってきた、しかし実際の根本問題は、なぜである。

なぜは私たちを朝に起床させ、一日中試練を通して、挑戦を続けさせる。なぜは私たちは毎朝、生きることを選ぶのか？　諦めずに辛い冒険を続けるのか？　の理由である

ほとんどの生物にとっては、なぜという問題はない。大部分の生物は自動的に生かされている。バクテリアＤＮＡ、野菜の茎、動物の反射といった歯車が駆動し、機械のように作用する。人間も大部分、同じように行動している。ヒトの脳は恐れ、希望、欲求といった感情で動く。その情熱は私たちをケアし、その切迫性は私たちを貫く。

しかし、常にそうとは限らない。脳は単なる感情のエンジンではないから。これまでの章で述べてきたように、脳には計画するという機能もある。人間に進化する以前、脳の発生の初期段階では、計画するという機能は限られていた。頭蓋の大きさや、時間の不足から、脳には限界があり、工夫しなくてはならなかった。火急の危険や喜びで満たされ、時間も限られている中で、計画するのも急ぐ必要があった。しかし徐々に、制約は緩和されていった。脳は成長し、人間の新皮質が現れた。文明によって自然の脅威は追いやられ、私たちは午後の間はずっと行きつ戻りつ計画を練るといったことも可能となった。

かくして物語思考は脳に、次のような質問を突き付けるようになった。「なぜ私たちはここにいるのか？」さらにそのすぐ次には「なぜ続けるのか？」。脳は究極の答えを見出すことができない。実際のところ、脳で考えれば考えるほど、究極の答えなどないかもしれないと確信するようになる。

脳がナラティブ認知で時間を早送りすると、答えとして見えるのは「死」である。生命の物語として、死が不可避の終点である。死が避けられないのに、何が目的で生き延びようとするのだろうか？

私たちは今や、この問題に直面しなくてはならない。結局のところ社会も、最終的には生命と同じように絶滅が避けられないのに、なぜ「ある社会はうまく行っている」といったことが意味を持つのだろうか？　どのような物語も、最終的にはその後に生まれたナラティブの中で忘れられてしまうのに、人に読ませるための物語を精力的に書き遺すのだろうか？　なぜ私たちは闘争に時間を費やすのか？　最終的には闘争で勝つことはできないのに？

つまり、なぜ「成長」にこだわるのか？

生物学の与えてくれる答えはこうである。「成長は私たち生物の本質であり、それ自体が良いことである」。しかしこの答えは、行動を存在に転換させるという、昔の論理による詭弁の別バージョンである。したがって次章、最終章では、ナラティブが与えてくれる答えを探究しよう。

つまり、人生の意味について、物語による答えを見つけるということだ。

# 第10章　人生の意味への物語の答え

紀元前三〇〇年頃のこと、彼女はアテナイの聖門にある四本の塔を西へと抜け、エリダヌス河の北の土手を歩き、ある庭園へと着いた。

その庭園は低い木の塀にゆるやかに囲まれており、花の咲いている場所があった。扉のところで彼女は水の入った土器を手渡された。彼女は喉を潤すと庭園に入り、スモモと桑の実を摘んだ。

彼女の名前は確実には分かっていないが、おそらくレオンティオンである。職業は「愛人」、つまり、お金をもらって男性の欲求を満たしてくれる、賢く魅力的な高級娼婦であったと思われる。お金があるのなら、生涯の愛人にすることも、子供を産ませることも可能であった。彼女がこの庭園に来た理由は推測できる。彼女は「ランプサコスのメトロドロス」と付き合っていた。彼は活発な美食家であり、知性は腹に宿ると発言してアテネの有名な哲学者たち、プラトン主義者を驚かせた。

しかし、なぜ彼女がこの庭園に留まったのかは、より難しい問題である。望めば彼女は、メトロドロスの手を離れ、質素な果物や大麦の食事をやめることもできた。彼女の仕事にはそのくらいの自由が認められていた。彼女は「妻の寝室」（たいてい屋根裏で、奴隷の寝室の近く）に囚われてはいなかった。オイスターケーキを買う時や、ウールのチュニック（筒形衣）を洗う時だけ適切な同伴が必要だった。自分でどこへでも出かける自由があった。地下に行ってカウチでお酒を飲むことも、都市の郊外に点在する競技場に行くことも、南のアクロポリスの劇場で観劇することもできた。もちろん、無制約に自由だったわけではない。まず自分で稼がなくてはならなかった。つまり、髪を整え、肌には香水をつけ、心地良く五感を驚かせるような服装をしなくてならないことを意味する。それには時間も、お金も、労力もかかった。そして男性の注目を引くことに関しては、他のライバルたちとも競わなくてはならなかった。

彼女は注目を浴びることを好んでいただろうか？ 自分を値踏みするまなざしに長時間晒されることを楽しんでいただろうか？ 男が、彼女の体には掌の中のドラクマを支払うだけの価値があるかどうか考えている際の際立った間を、彼女は楽しんでいただろうか？ 答えはおそらくノーだ。たとえ彼女がその「試験」にパスしても、自分の運命が他人の権力に左右され、彼らの評決にかかっているとしたら、決して愉快ではないはずである。

であるので彼女はおそらく、饗宴での酒や舞台で男根をつけたピエロといった、より騒々しい娯楽を避けて、緑の中でのんびりと過ごし、庭園を楽しんでいただろう。この庭園にいれば、男性による値踏みをされることもない。もちろんこの空間も、完全な理想ではない。胃袋にはオリーブが詰まっていて、筋肉質の指を持つメトロドロスも近くにいた。しかしそれでも、この空間が存在するのは、庭園を造ったエピクロスの、創造的な思考の証明となっていた。

エピクロスはアテナイ人であった。生まれは東方の植民地でトロイの近く、そこで彼は原子論者の書を学んだ。原子論者は、世界は神が作ったものでも理性が作ったものでもなく、偶然に生まれたと考える風変りな流派であった。その後いくつか、独特の理論を発展させたエピクロスは異端とされ、レスボス島を追放された。彼の偶像破壊的な人生の教えによって、同性愛への寛容さ以上のものが要求された。それでエピクロスはアテナイの郊外へと移り、一人の哲学者となった。

エピクロス自身は、哲学者と呼ばれたいわけではなかった。哲学者は、その古代のライバルである詩人と同様に、くだらないおしゃべりをしていると彼は思っていた。実際のところ彼がこの庭園を造成した意図は、哲学と詩という双子の病からの避難所を提供したい、ということだったのである。哲学と詩は、その深い根源を名付けるなら、論理と物語である。

## 論理と物語という双子の病

物語の病の方がより古くからある。はるか昔に人間は、天空の中に多数の怒れる神を想像し、神々が宥めようもなく怒り、人間に自分の死を死ぬことを許さず、魂を闇の中で生かしておき、永遠の拷問にかけて壊す、といった悪夢を見る。

これらはもちろんナンセンスである。怒れる神など実在しないし、墓を超える地獄はない。論理の病に関して言えば、論理は、どんな逸脱もあり得ないところから、善悪の不変の法則を引き出すものである。論理学者の主張によれば、逸脱によってすぐさま混沌状態、すなわち、避けるべき恐ろしい不条理な状態が出現してしまうので、わずかでもその兆候があったらば啓蒙的な僭主によって罰せられるべき、ということになる。言うまでもなく、何人もの哲学者はさらに進んで、私たちにとってこの規則から逃れることは望んでもできない、と主張している。こうした規則は物理的に私たちの行動に深く埋め込まれており、私たちを機械仕掛けで運命の轍へと送り込むのだ。

どちらもナンセンスである。哲学での規則は、力によって強制されるべきものではない。また私たちは運命の囚人ではない。人生は自由である。そうでなければ幸福にはなれない。自由であることとは精神的な喜びに欠かせない。そうした喜び、ひいては自由の証拠としてエピクロスは、この庭園に入ってくるレオンティオンなどの微笑みを挙げている。

この「証拠」は他の哲学者たちを苦笑させた。彼らは言った「エピクロスよ、庭に来る者たちの微笑みで証明されたのは、お前とお前の友人たちが喜ぶように運命付けられていた、ということだ」。こんなことを言う者までいた「お前の庭に集う者たちの喜びは皮相なものに過ぎない、真の至福に到達するためにお前にはさらなる啓蒙が必要だ」。しかしこうした批判をエピクロスは無視した。彼は自分のエネルギーを、彼の見つけた方法で幸福に向かって成長するためにのみ使った。この庭でなされることは何でも、幸福の名のもとに正当化された。幸福を増やすために行われることが、やさしく促され、そうでないものは確実に取り除かれた。

エピクロスは満足感を深めることで、哲学に、その古代の根源である倫理を取り戻させた。倫理は、第2章で見たように、「どうしたら私の人生をより良くできるのか？」という実践的な問いに答えようとするものである。エピクロスは快楽主義的な手法で、こんな教えを述べている「世界的な成功や、美食や、天国や、神々や、形状上学的真実や、その他の作られた、到達不可能な事柄など、不満と怒りをもたらすから忘れなさい。あなたが自然に持つ「痛み」――空腹や好奇心や寂しさ――は、粗食や、経験から得られた事実や、正直な友人で満たしなさい。それが生まれてから死ぬまでのあなたの人生の喜びを最大化する。人生全体から見て最良のレシピなのです」。

こうした功利主義的な倫理は、義務を重視する説教者たちの怒りを買った。私たちが、「エピクロス派」を、「大食漢」「美食家」「無神論者の官能崇拝者」の同義語として使っているのは、この怒りが影響しているだろう。これらは過剰反応のように見ることもできるが、いかにエピクロス派が「反抗者」であったかを私たちに喚起させてくれる。哲学の基礎として、オリジナルの場所に倫理を回復することで、エピクロスは哲学者たちがその職業的権威の根拠としている形而上学を妨害した（第2章を参照）。哲学者たちは、比較的小さな問題で互いに相争うよりも、権力・富・名声を増してきた哲学者に対して攻撃を仕掛けるエピクロスに対し、団結して非難するようになった。

　形而上学を守ろうとしたのは哲学者だけではない。前章の末尾で触れた、人間の脳が感情的になぜを求めるという問題につき当たった、学者以外の人々も形而上学の擁護者に加わった。「立派な目的」を実感したい人々は、哲学者たちが人生の新たな基盤として多様なイデオロギーを導入するなぜを探し出すたびに、希望に満ちた驚きで応えた。彼らは哲学者を崇め奉るのと同じように、哲学の新たな「神殿建築」を崇めた。

　しかしこうした一般人による崇拝にも関わらず、哲学者による新たな構築物は、人々の日常の実存をより良くすることに失敗していると、エピクロスは結論付ける。（大文字の）「正義」と「真実」との合理的な堅固さは、空想上の地獄や論理的な原則についての不要な心配を増殖させ、倫理や、ひいては哲学の、元来の目的に違背している。だからこそ形而上学による構築は終わりにすべき時だ、とエピクロスは言う。もはや内的な経験を、プラトンによるアカデミアやアリストテレスによるリュケイオン、その他アテネの他の主要な学派が導出した外的な真理に従属させなくて良い。人間の精神をこれ以上、道徳的な命令や神秘的な処方箋の下で呻かせることはないのだ。そうではなく倫理は、それ自体がなぜへと持ち上げられて行く。幸福こそがアルファかつオメガに、哲学の全貌に、神々の黄昏になる。こうしたものが全て「庭園」で見つかる。

エピクロスの庭園は機能していた。レオンティオンを含め、多くの古代地中海人の人生を向上させた。エピクロスに従う者は今でも存在する。私たちの周囲でエピクロス派を自称する者は多くないが、何百万人もが、幸福の宗教に所属しており、人生における究極の善を追究している。

エピクロスの倫理は成功してきたが、とはいえ完全に成功したわけではない。その理由は二つある。

第一に、私たちの脳が感じる幸福には限界がある。脳の幸福は、神経の内にある限られた量の化学物質に由来する。麻薬や他の人工物質でその量を増やすことは可能だが、すぐさまその余波で、私たちの脳は、麻薬摂取とバランスを取るために自然から与えられる至福を作ることを減らしてしまう。こうした現象が起きるのは、幸福が（私たちの脳内のあらゆることと同じように）理想の最終的状態ではなく、生物学的な道具だからである。この道具の機能は成長を促すこと。だから私たちの脳にとって、一時的な報酬として価値が与えられている。それがあまり気前よく与えられると、私たちは自己満足して怠けてしまい、生命が競争する中ではそれは死への処方箋となる。

この、幸福には自ずと限界があるということは、試行錯誤の末にエピクロスが発見した。だからこそ彼は来客に、酒ではなく水を勧めたのだ。だからこそ喜びの量ではなく質に焦点を当てたのだ。だからこそ葉の生い茂った場所で彼が見出した楽しみは、親しい会話だけだったのだ。しかし抑制された幸福がこれほど賢明であっても、勝つことはできなかった…

第二に、幸福に焦点を当てることは、精神的に反作用がある。これは最近の心理学研究で明らかになった。幸福を測ろうとすればするほど、私たちは自分と他人を、および自分と自分を比べるようになる。測定は結局、ランク付けを生み出す。私たちの脳は必然的に、心配を始める「彼女は私よりも幸福だ」。さらに、「私は以前の方が幸福だった」。そしてこんなことに悩まされる「これは完全な幸福ではない、もっと幸福になれるはずだ…」。

しかしこの庭園が、近代科学が求めるような経験的に耐えられる倫理の条件を十分に満たしていないとしても、前章の末尾で提起した、「倫理をどのようにからなぜへと転換する」という問題に対して、ちょうどよい距離を保っている。

なので、私たちがさらに進むことができるのかを確かめるために、どのように物語と論理が迷走してしまったのかについてのエピクロスによる診断を、新鮮な目で見直してみよう。

## 物語と論理はどのように迷走してしまったのか

第2章で見たように、物語は論理よりも昔からあるので、まずは物語の方から診断をしていきたい。

エピクロスが明快に分析しているように、問題は、物語がわたしたち人間に、地獄を想像させることにある。地獄という神話がどのように物語に入ってきたのか、正確なことは分からない。歴史と言う巨大な砂時計の中で、記録としてアーカイブに残っているものはごくわずかな砂粒だけである。とはいえ、最初から地獄があったわけではないとは言い得る。最初は物語は世界が生きているという単純なものだった。異なる物語の中にその生きた世界は様々な特徴をもって現れ、その一部は現在も受け継がれている。例えばブラジルの熱帯雨林に暮らす部族や、東アフリカの狩猟採集をするハヅァ族、オーストラリアの先住民などに。

長く続いてきたこうした口承の伝統からすると、世界の生きている状態が初めて現れたのは、現在では地質学や気象学や物理学が追っている、川や雨やその他の自然現象の原因としての巨人や神や精霊についての話においてであろう。地球のこうした活気から生まれた物語は、いくつもの章に発展し、進んだり戻ったりしただろう。「戻る」章では、神々や巨人たちの話が詳しく語られ、究極的に創世記へと向かう。「進む」章では、時間が進み、未来の時代が想像され、究極の結末へと向かう。エリュシオン〔ギリシア神話における死後の楽園〕、ヴァルハラ〔北欧神話における勇士たちの楽園〕、フォークヴァング〔北欧神話において愛の女神フレイヤが住む宮殿〕といった、伝説の英雄たちが宴会や歌を友人たちと楽しむ楽園である。

こうした物語はみなポジティブなものである。自分たちをより大きなナラティブの一部であると感じさせることで、私たちの脳の感情的なな*ぜ*を深めて、大きな生で満たし、喜びへと向かわせる。

しかし、古代世界の各地に散らばった氏族や王国において、ナラティブは次第にポジティブではなくなっていった。嫉妬や不安といったネガティブな感情に歪められた人々は、天国にいる英雄で喜ぶことをやめ、彼ら自身の楽園を求めた。彼らの羨望を満たすため、ナイル川や他の聖なる水路の側で聖職者たちは、こんなことを約束した「私が語るようにすれば、至福はあなたに訪れます」。しかし厳しい警告が続く「私の言葉を違えると、あなたの魂は永遠に炎の中で苦しむでしょう」。

かくして、悪行への脅しとして地獄が発明された。さらには怒りの呪いや、自己嫌悪の叫びとしても使われただろう。これらは人生を傷つけるが、哲学において同様にこの残念な傾向が物語に加わった場合、傷がもっと深くなる。

哲学は、物語と同じように、自然の発露として始まった。哲学以前の時代、生物同士が戦うように、自然は自然自体とぶつかり合っていた。ほどなく対決を調停するような道具が生物的に誕生した。その道具とは自己認識である。意識のある脳内で、二つの行動がぶつかった時に、自己認識が生まれたのだ。強い方が直ちに他方を壊すのではなく、視点取りをするニューラルネットワークが二つを確認する。ニューラルネットワークは衝突している行動を調べ、「この対立は私の中にある」と理解する。これが進むと、「対立があるだけではない。私もいる」という顕現が現れるのだ。

この洞察とともに、頭脳は「意識の流れ」とは別の自己を経験する。立ち戻って決断することができるような自己である「二つの対立する行動のうち、私が快適でいるためには、どちらがより良いだろうか？」。

この「決定する自己」は、力があると感じているだろうが、まだ不十分である。力を感じられるのは、雲の上の半神のように乱闘を上から見下ろし、生命の他の部分は無意識にぶつかっているのに、自分が選ぶことができると思えるからだ。しかしどのように選ぶのかは知らないから不適切なのである。選択に際しては同じようにもっともらしい方法がいくつもある。直ちに役立つこちらの選択肢が良いのか、それとも長期的に機能するあちらの選択肢が良いのか？　長期とはどのくらいの長期なのか？　明日のちょっと良いことを犠牲にして、来年のとても良いことを選ぶべきなのか？　いや、来年は十分長期ではないかもしれない。十年後や、あるいは百年後さえも、視野に入れるべきなのか？

このようなジレンマから倫理学が誕生した。最も良く生きる方法に関する問題に答えるための、頭脳の組織的な努力が、倫理学である。それにより脳の視野は広くなり、その場だけの感情から踏み出して、忍耐、協力、寛大といったことからより大きな見返りを得られるようになった。これらはみなポジティブなものである。短期的な欲望を超える可能性で私たちを結びつけ、創造的な行動の余地を広げた。

しかし約五千年前に（第2章を参照）、まず、余地が徐々に、あまりポジティブとは言えない傾向によって侵食された。全ての対立を解決できるような支配的な立場を、哲学が追究するようになった。それが「真実」であり「正義」である。どこでも通用するような、議論の余地のない「第一原則」から逸脱し、私たちが今では「論理」と呼んでいる推定の道具を作り出した。

哲学はもともと、開かれた心で、世界についての確実な幅広い知識を追い求めるものであったが、論理はそうした知の果実を捨て、哲学者が外に目を向けるのではなく「唯一の視角」を持つものだと、哲学の様式を変えてしまった。そしておよそ紀元前一千年くらいに、ゾロアスター教のような宗教において、論理と、地獄の寓話とが結びついた。

この融合によって、多神教の持つ多様な可能性は、唯一の真実の神の嫉妬深い正義に置き換えられてしまった。ゼウスについてプロメテウスの心理から考えることも、シヴァ神をヴィシュヌ神の心理から考えることも、玉帝〔道教における最高神〕を斗母〔道教における女神〕の心理から考えることも、できなくなった。その代わり、アフラ・マズダ、エホバ、全能なる神のみが存在する。一神教の出現に伴って、論理による道徳的命令には、来世の絶対的な「報酬と罰」が伴うようになった。哲学は形而上学に、さらには神学に上昇した。神学者による「合理的な推論」に背くことには、永遠の呪いを受けるというリスクがあった。物語が想像した地獄へ、論理によって追いやられるのである。

エピクロスが生まれる約三十年前、この論理と物語との融合は、プラトンによって明示された。

プラトンは紀元前三七五年頃に、『国家』の末尾近くでこう書いている。

死後に待っている、正義と不正に対する報償と罰と比べれば、人生は何ということもない、とソクラテスは言った。エルと言う名前のヒーローの話で示そう、とも。

エルは戦争で亡くなったが、彼の体は腐らなかった。体を火葬するために薪の上に置くと、彼は起き上がり、死んだ後どうなったのかを人々に教えた。死後エルは、天国と地獄の間の場所に着き、そこに裁判官たちが座っていた。正しい魂は天国に送られる。天国は想像できないほど美しいところで、魂は喜びに包まれる。不正をした魂は地獄に送られ、生前に行った悪事の十倍の苦痛を負う。暴君や他の罪人は千年間、地獄に留め置かれる。やっと拷問から解放されると信じた瞬間に、彼らは「火の男」に捉えられ、生きたまま皮を剝がれ、棘でちぎられる。

このエルの話は長く受け継がれ、滅びなかった。この教えに従うのなら救いになるだろう。だからあなたがたに、この天国への道にとどまるようにと忠告する。常に正義と徳を忘れずに生きることだ。

紀元前三三五年、この「エルの神話」は、アリストテレスが思考から物語を分離するのに示唆を与えた（第2章を参照）。それから三十年後、レオンティオンが庭園を歩く頃には、アテネにおける宗教的な教えの中で最もよく知られた話になっていた。その後もローマ帝国内で拡がり、中世キリスト教やイスラムで拡がり、さらには共産主義やシンギュラリティといった近代的・物質主義的な変種も生み出した。もし私たちが論理による指示に厳密に従うのなら、私たちは地上を楽園にできるとか、デジタルの救世主に会える、といったものである。

合理的にはそれが最上だったが、生物学的にはそうではなかった。私たちのニューロンは正と誤という宗教的二分法で入出力を行ってはいない。そうではなく、新たな行動スクリプトを改良するために、近くのネットワークで実験を行っているのである（第6章を参照）。私たちの神経の構造は、プラトンの神話の論理構造とは、根本的に調和しない。だから私たちがエルのように自分自身を不死の領域へとアップロードしても、私たちには永遠の幸福は得られない。私たちは崇高な美に圧倒されるだろうし、意味付けの喜びを感じるだろう。しかし、私たちはゆっくりと、そして不可避的に、退屈する。「今までにない高みに登れるだろうか？」と、私たちは自問する。「あの下に見える霧の中では何が起きているのだろうか？」と考える。未知へと踏み込む冒険がしたいのだ。不確実な時の中で自分を試すために、とりわけ成長するために。

聖なる光が常に輝いているように、私たちには脱出したいという衝動がある。神々が退屈して人間を創造したように、さらにその後、生活にまつわる騒ぎに取り組むために空を去った神々のように、私たちは真実、正義、完全さだけを求めているわけではないのだ。理想的なアルゴリズムを吹き飛ばして外に出たいのだ。

これが古典的であれ別であれ、論理的なユートピアにつきまとう問題である。完全に平等で、無限の食料、寿命、平和のある絶対的理性の社会を構築しても、私たちの頭脳はそれ以上を求める。私たち人間の持つ物語思考のシナプスは、正義、真実、その他の永遠の論理の果実にのみ興味を抱くのではない。私たちのナラティブの頭脳が本当に求めるのは、新たな挑戦であり、新たな機会である。私たちの灰白質を規則に従わせておく唯一の方法は（その規則が全く啓蒙化されたものであっても）、麻薬か恐怖で鎮静させることである。

だからこそエルやシンギュラリティの神話は人間の不幸の源泉であり、今後も常にそうであろう。エピクロスが庭園で認識したように、論理の寓話は私たちの頭脳を満足させない。それらは私たち自身や他人について、否定的な判断で満たす。私たちを非人間的な規制に捉える。終わりのない退屈で私たちを祝福する。

しかし幸運なことに、私たちはプラトン的な単調さの呪文を打ち破ることができる。たとえエピクロスの倫理が私たちの心理学と完全に同調していなくても、私たちは今や、幸福を超えた人間生活を育むことができる新しい「庭園」を耕す立場にいるからだ。

幸福を超えて

物語と哲学の小史を語ってきたが、そこで明らかになったのは、エピクロスによる不幸の診断が、プラトンの天国によって引き起こされたより根深い問題の兆候であったということである。論理が創造的な行為を制限してしまうという問題である。

創造的行為は（第1章および第2章で振り返ったように）、生物としての私たちを根深いところで動かしている。それが私たちの頭脳を作り、私たちの頭脳に物語や哲学を創造するように導いた。物語は私たちを、外部の力に満ちたより大きなナラティブへと同調させ、創造的行為を増加させた。哲学は、私たちを利己的なバイアスから引きずり出し、私たちが恐れ、かつ求めるようなものを超えた世界を想像させて私たちを解放することで、創造的な行為を増大させたのだ。

このような、生命を持続させる可能性を回復するために私たちは、プラトンのエルの神話を生み出したような、物語と哲学の矮小化に歯止めをかける必要がある。この矮小化は私たちが「自分の物語が他の物語よりも重要だ」と考える時に始まり、哲学が唯一の真実にプロットを見つける道具だと私たちが考えるようになった時に加速した。であるので、この二つのプロセスを逆転させなくてはならない。ただ一つの見方から私たちを救い出し、行動へのチャンスを拡げるという、哲学が元来持っていた機能を取り戻さなくてはならない。さらに、私たち自身を超えたキャラクターで満たされたより広いナラティブを想像するのを手助けするという、物語本来の機能を取り戻さなくてはならない。

この二つの機能を合わせて、より大きな一つのプロセスに融合する。すなわち、外部の生の物語を拡大することである。もっと具体的に言えば、他者の創造的なチャンスの拡張だ。こうした人々に知的な空間、感情的な信用、物質的援助を与えることで、私たちは最も本来的な生を計画することができる。

これこそが、人間実存の、最も究極的ななぜである。真実だからとか、公正だからとか、論理的だからではなく、私たちの頭脳が生物としてそのように機能するから、である。私たちの注意を、天国や幸福といった「永遠の状態」から逸らす。こうしたものはプロセスの心理学において非生産的だからである。さらに、他の物語思考精神を育てるという、世界的な行動へと私たちを誘う。

こうした行動は、私たちの脳が最も恐れている「死」によっても、弱められることはない。私たちを超えて、想像できる限り遠くまで流れている物語に対しては、死も無力である。私たちの頭脳の最大の欲望である自己愛によって妨害される可能性もない。他者のナラティブを育てることに目的を見出せたなら、自分のエゴイズムを、それとは真逆の方に向け、私たちが出会うすべての同時代人の繁栄の中に自分の不死性を発見できるのだ。

多くの親、教師、師匠、友人はそこに日々の喜びを見出している。本書のこれまでの章で自然史

から発掘してきた、倫理を活性化する方法がここにある。発掘によって明らかとなったのは、

1. 私たちの脳は物語思考者として進化した。
2. 個人の戦略（例えば視角を変えること）、および社会のナラティブ（例えば民主主義）によって物語思考はさらに進化させることが可能である。
3. こうした進化によって、身体・感情・知性の成長という自由と楽しみが生み出される。

この三つのプロットのポイントに、今やもう一つ付け加えることができる。

4. 私たちの身体・感情・知性の成長は、私たちの周囲の人々の物語思考を強めることによって加速できる。

言い換えると、私たちのよりよい物語は、読者がさらに本を想像するのを手助けするような本を書くことに集中するところに、生徒が新しい学びの方法を発明するのを手助けするような学校を建てることに集中するところに、さらに、利用者が新鮮なブレイクスルーの先駆となることを手助けするテクノロジーの開発に集中するところに、ある。

そのように生きるのであれば、私たちは毎朝、希望と活力をもって起床するだろう。もちろん私たちは人間だから、完璧な希望や活力ということはあり得ないが、その日一日を切り抜けていくのに十分な希望と活力を、何年にもわたって得られるだろう。人生の筋書きが私たちを吸収し、私たちの伝記を他者の伝記を成長させるために使う究極的な理由を見つける。それはナラティブな寛大さであり、物語を与えることである。

これはエピクロスが、レオンティオンを庭園に招いた時にしたことでもある。レオンティオンはほどなく歴史から消えるが、おそらく彼女は、他者の人生のチャンスを伸ばし、その人自身の庭園を独自の形で繁茂させるために、記録には残っていないがさまざまなことをしただろう。おそらく彼女は、二十三世紀後に英国の作家ジョージ・エリオットが想像したような、「記憶はされないがその魂は周囲の人々に、計算できないほどの影響を及ぼした」一人となったのだ。「世界の中で育つ善性の一部は、歴史に残っていない行為に依るものである。あなたや私に関する物事があり得た状態ほど悪くなっていない理由の半分は、無名ながら忠実に生き、誰も訪れることのない墓で眠っている人々の行いのおかげである」。

そしておそらくこれは、私たちの物語でもあるだろう。

# 終章《コーダ》　物語思考者との対話

**私には時間がありません。この本は長過ぎます。私のために要約していただけませんか？**

1．哲学者たちはこれまで、すべての知性を象徴記号論理に還元しようと努力してきました。象徴記号論理には、帰納、演繹、解釈、批判的思考、弁証法、数学、統計学、データに基づいた意思決定、合理的選択理論、ホモ・エコノミクス、システム1および2、発散思考、収束思考、デザイン思考、ベイズ推定、ＩＱ、コンピュータＡＩなどが含まれます。

2．しかし人間の脳には、ナラティブ知性という別種の知性があり、これは論理には還元できません。ナラティブ知性は反事実的思考（もし……だったら、と考える）や因果思考（原因を推測する）その他の、創造性、適応性、変動しやすく不確実な環境におけるデータが不足する中での意思決定を駆動するような精神活動に力を与えます。

3．ナラティブ知性は、経験科学、医学、工学、ビジネス、技術革新、心理学的レジリエンスを駆動させる。これのおかげで私たちは、ＡＩの論理や合理的文明が永遠の秩序を押し付けようと最大限の努力をしても、生物同士の不均一な競争からは必然的に発生する、ダイナミックな領域で繁栄することができるのです。

**あなたがナラティブと呼ぶものの多く——因果思考や反事実的思考——が、私には論理のように思えます。**

あなたは「論理」という言葉を厳密な定義ではなく、話し言葉で使っていますね。私たちが日常会話で何かを「論理的」だと呼ぶ際、典型的には論理ではなくナラティブのことを指しています。というのも、私たちの大部分は、何が合理的かという判断の基礎を、自分の生きた経験や歴史、その他の経験的な観察（私たちが誤って帰納としている）に置いており、そこから私たちが誤って演繹と呼んでいるものを引き出します。実際のところ私たちの「帰納」は例外的な情報（例えば非常に目立つ少数の出来事）であり、私たちの「演繹」は因果および反事実的思考（例えば、なぜある出来事が起きたのかについて仮説を立て、何が起きるのかを想像する）です。

ナラティブ知性に依存しているために、普通の人々が「論理的」と呼ぶものはバラバラです。だからこそ哲学者は、哲学者以外の人々のことを、いい加減な思考をしていると長らく批判してきました。だからといって哲学者以外の人々が無能力であるわけではありません。ふだん使っている洞察の種類が違うだけです。常に変化する生物世界の中では、行動する方法は多様であり得ると認識しているのです。

## なぜナラティブ知性は論理には還元できないと確信しているのですか？

それには演繹による証明があります（第5章にあるように）。しかし経験的な証拠はまさに、人間の脳です。脳には五億年以上前に二つの違った生物学的機能を実現するよう進化してきた神経メカニズムがあります。その二つとは視覚と行動です。

視覚は象徴記号論理の機構を採用しています。つまり、表象、同一視、パターン認識、意味付け、意味生成です。行動はナラティブの機構を採用していて、それには実験、推測、プロセス認識、計画、活用が含まれます。

この二つの、昔からの神経メカニズムが、現代人の頭の中でも大きな位置を占めています。もし一方の機能が他方に還元できるのであれば、こうはならなかったでしょう。そして、不要なメカニズムは進化によってゆっくりと「盲腸」化して行き、脳はより効率的になったでしょう。

私たちの脳に二つのメカニズムが存在することは、ナラティブと論理とが相補的な道具であることを示しています。ハンマーをのこぎりで置き換えることができないように、物語思考を演繹や解釈で置き換えることはできません。

## 物語思考を定義していただけますか？

物語思考はナラティブ認知と同義語です。さらに言い換えると、行動の中で思考することです（等式や、意味や、表象や、記号や、数字や、その他論理的なものの中ではなく）。ですから、意味論的でも、計算的でもありません。意味形成には使われません。計画、プロット、戦略、その他新たなふるまいや行動の道筋を創造するのに使われます。

物語思考は因果思考（例えば、なぜそれが起きたのかを推測する）、仮説形成（例えば、ある介入に対して何が起こるかを予想する）、反事実的思考（例えば、過去の出来事が変化したら何が起こり得たのか想像する）、明らかなフィクション（例えばもう一つの世界を発明する）、といったことを含んでおり、物語の要素、主要なものとしてはキャラクター、物語世界、プロット、語り手《ナレーター》の四点ですが、これを操作することによって前に進むのです。

・キャラクターは因果のアクターである。彼らのふるまいの原因はたいてい希望、恐怖、欲望、その他の心理的動機である。

・物語世界は特有の行動規則を伴った環境である。すなわち、何が起き、何が起きないのかについての規則である。こうした規則は、社会的なものにも、自然なものにも、魔術的なものにも、なり得る。

・プロットは物語世界の中で登場人物によって生み出される、連続した特定の行動を指す。

・語り手は物語の究極の原因と言える。その物語が語られる理由であり、なぜそれが語られるのかが、それがどのように語られるのかを形作る。

この四つの要素はすべて、私たちの脳の生物学に繋がっています。「キャラクター」は、他者の心理的な動機をたどることで、「物語世界」は、新しい環境での規則を組み入れることで、「プロット」は私たちの近くで現れつつある脅威やチャンス、その他の変化を説明し予測することで、「語り手」は物語の中の全ての出来事を私たち自身のなぜとつなげることで、いずれも私たちを生かし続けることに関わっています。

## 物語思考とナラティブ知性とはどう関係しているのですか？

ナラティブ知性は、物語思考を、実際の問題解決や役立つテクノロジーを発明するために応用することです。

物語思考は私たちを生かし続けることに関わるので、そこから自然に知性が発生します。しかし物語思考は生命維持から離れることも可能で、不正確になったり、願望が点火したりします。それが起きると「魔術思考」に変わるのです。

ナラティブ知性は、知力や動体知性（即時の問題解決や身体のイノベーションを駆動し、ダンサー、アスリート、音楽家などの身体を使ったパフォーマーの無意識的な即興活動を可能にする）のより深いところでの意識的な現れと言えます。

動体知性は略して「モト」（moto）と呼びます。あなたの身体が前例のない状況に合わせてスマートに反応できたならば、あなたは「モト」を経験しているのです。

**反論するわけではないのですが、本書は、自分を合理的だと考える大部分の人々（哲学者であるなしに関わらず）の見方とは矛盾するような、壮大な主張を行っていますね。こうした異端の考え方**

## を自信を持って言える事実に基づいた根拠は何でしょうか？

本書の主張には三つの根拠があります。

1. ナラティブセオリー。この理論はアリストテレスにまで遡り、現代の研究者たちは、文学は言語に還元可能である（すなわち、物語は記号論で分析できる）という一般化した見方を覆すような実証的な証拠を多数見つけています。第5章で詳述しましたが、行動を表す動詞は象徴記号論理を使って処理できないというのが基本的な実例です。GPT―4のような自然言語処理機械は、小説や戯曲を理解することも創作することもできない、ということにつながります。

2. 神経科学。ノーベル賞受賞者のサンティアゴ・ラモン・イ・カハールが一九世紀末に先駆的な解剖を行って以来、神経科学者たちはニューロンの解剖学的な複雑さを明るみに出してきました。それは、エレガントでシンプルな、コンピュータの論理ゲートとは全く違っています。物語思考の観点からすると、ニューロンの複雑さの最も重要な形質はシナプスです。これは第6章で詳述しましたが、シナプスはコンピュータとは違った非電子的な構造を提供することで、因果思考や、その他のナラティブ認知を可能にしています。

3. 科学実験。カール・ポパーが勧告したように（第6章を参照）、本書で概説した各種の理論は、反証可能性のテストを経たものです。米国特殊作戦軍から、ミッドウエスタンの公立学校区まで、様々なところにいる協力者と共に、オハイオ州立大学の私のプロジェクト・ナラティブ研究室は、ランダム化実験を行って、ナラティブの訓練が創造的問題解決や心理学的レジリエンスを有意に増加させることを示してきました。

もちろんこれらによって、本書のここまでの記述が真実だと断言することはできません。しかし、あなた自身の心的過程（計画や、出来事が起きた理由の推測や、もしもの場合を想像することなどを含む）を素早く内観してみれば、物語思考が哲学的に、デカルトの「コギト」（われ思う、ゆえにわれあり）と同程度にはもっともらしいと納得するのではないでしょうか。

**哲学を正当化する根源は、知性の解明だけでなく、知性の向上にもあるのではないでしょうか。伝統的な哲学は、学生が論理に習熟する手助けをしてきました。物語思考において学生は何かしら習熟しますか？**

はい。第2章と第4章で書いたように、ナラティブ・アート（古代の叙事詩から現代のSFコミックまで）の消費と生産によって、物語思考を向上させることができます。第7章で詳しく書いたように、批判的思考《クリティカル・シンキング》、解釈、その他、現代の教室で文学を分析するために使われている論理を基にした技術に代えて、生物進化の創造的なメカニズムに由来する技術を方法として使うことでこのトレーニングをより厳格な形で行うことができます。

## ナラティブ知性と感情とはどんな関係なのですか？

ナラティブと感情は人間の脳の中で緊密に結びついています。両者とも行動に関わっているので。感情は行動を煽動します。私たちが行動をするのは、そうすべきだと単に考えるよりも、そう感じて行っている場合が多いのです。というのも、欲求や恐怖といった感情は、何が正しい、何が真実かといった信念よりも、潜在的にはより大きな心理的動機付けになるからです。

ナラティブは行動のディレクターです。恐怖を感じている時にどこに逃げるか、熱望している時にどのように追跡するか、私たちに指示するのはナラティブです。ナラティブが、私たちの求めるものを獲得するための、および、私たちが憎むものから逃げるための、計画、プロット、戦略といったものを提供してくれるのです。

つまりこういうことです。感情とは人間のふるまいのエンジンであり、ナラティブはハンドルなのです。

## ナラティブ知性と感情的な知性とはどんな関係なのですか?

感情的な知性は、知性の一貫した形式というよりも、幅広い様々な理論を持ったものです。より科学的なものもあればそうでないものもありますが、全体として、あらゆる知的なふるまいを論理に還元しようという力には抵抗します。この抵抗という点において、感情的な知性を主張する人々と、ナラティブ知性の研究者とは、広い意味で連携をしています。

もっと細かい点で言うと、感情的な知性は(8章、9章、10章で詳述したように)、同情や感情的自己規制といった、倫理学として知られるナラティブ知性の一部を含んでいます。

**物語思考は、論理や形而上学を避けることで、哲学の時間を五千年前に戻し、私たちが現在学んでいるような多数の哲学者(および彼らについて書かれたあらゆる著作や論文)を亡きものにするの**

**ではありませんか?**

物語思考は論理や形而上学を消すということはありません。それらを、倫理や現実世界の行動とは区別された独自の領域に制限しようとしているだけです。

**それは哲学が役に立たないと言っているようなものではないですか?**

いいえ、哲学がナラティブ認知という新しい巨大な領域に拡張し得る、ということです。

**形而上学や論理は全くの役立たずと考えているのでは?**

それらは形而上学や論理の問題を解くのには役に立ちます。しかし、個人や社会の成長といった、倫理的、あるいは生物学的な問題を解くのには役に立ちません。

**私の見るところ、本書には新しいことはありませんね。かつての哲学者が既に、唯一性を強調する（例えばウィリアム・オッカムの唯名論）とか、視角を変える（例えばフリードリヒ・ニーチェの観点主義）といったことに、多くの時間を費やしています。**

過去の哲学者の中に個別の事物の唯一性を強調したり、異なった信念の視角を捉えたりしている人はいます。物語思考では、個人の行動の唯一性を強調し、異なった行為者の視角を捉えています。その理由は、オッカムとニーチェが論理を「誤作動」させているからです。物語思考の技術は、例外を優先しナラティブの対立に火をくべるように、創造的な行動を正しく機能させ、人間の持つ構想の独創性、多様性、持続可能性を増やします。

**哲学者たちはどのようにナラティブ認知を研究しているのですか？**

哲学者は、論理を応用する時と同じ厳密さでナラティブを応用します。

なので、ナラティブはプロダクトではなくプロセスとして厳格に研究されます。「原因」が、機構的に唯一なものとして厳格に扱われるのです。物語世界の規則は、厳密に一貫するよう定められます。ナラティブの対立は、「不毛な平和」と「破壊的闘争」の間の最適な個所にヒットするように、厳格に方法論化されます。

そして重要なことは、ナラティブは論理から区別されますが、論理に従属しているということではないということです。学生たちは物語を、「正義」なのか「不正」なのか、あるいは「真実」なのか「虚偽」なのかを判断するのではなく、独創性や特有性、体系的一貫性といったところで価値つけるように奨励されます。

**ナラティブの対立を、弁証法や、それ以外の論理的不一致の形態と区別するものは何ですか？**

ナラティブの対立には、行動のアクター、動機、規則の対立などを含みます。であるので、対称性があり安定的に方向付けられている論理的不一致とは対照的に、非対称かつ不安定で、目的論的ではありません。クラウゼヴィッツが戦争に、ダーウィンが生命に見出だした「衝突」のようなもので、新たな行動や、アクターやプロットを生み出すのです。それが吹き飛ばされるまでは。

## なぜ哲学者はナラティブに論理を適用できないのですか？

論理はナラティブを非ナラティブ化します。道徳で寓話を作り、元型で神話を作り、命令で天国を作り、象徴記号で物語を作り、表象でメディアを作り、時間のない解釈によって物語思考のコアとなる機能である行動のイノベーションを、霧消させてしまいます。

## もし私たちが全てを知ったら、論理が物語思考を代替しませんか？

そうですね、しかし私たちがその受け入れ難い未来に到達する前に、私たちは論理と物語思考の切り替えを行いたいと思うでしょう。論理は規則を絶対的なものとして扱うので、規則が続く限りにおいては信頼できます。物語思考は規則を、有用な道具として扱うので、古い規則でうまくいかなくなったら、新しい規則を作ることができます。

論理は信頼性を生み、物語思考は創造性を生みます。論理は未来を予測するために過去を使い、物語思考は未来を作るために過去を打ち破るのです。

論理は「インテリジェント・デザイン」で、物語思考は生物の「進化論」です。
人間は、プラトンの「ティマイオス」から中世神学、スタンフォードのd.スクールにいたるまで、「インテリジェント・デザイン」に長らく価値を置いてきました。しかし、よりよい社会やテクノロジーへの主たる歴史上の駆動力は、物語思考による、自然界の無数の驚きに満ちた進化論的プロセスの、物語思考によるニューラルな洗練なのです。

**私は本書は哲学者のための本であると理解しました。哲学者は理論的にプラグマティックである唯一の人たちです。しかしそれでも私は、物語思考を改良することに関して、より特有の、実務的なヒントを求めています。**

私は他の著書で、数十もの特別で実務的なヒントを書いています。

・物語の技法（Great Courses）
・文學の実効（Simon and Schuster）
・創造的思考：フィールドガイド（U.S.Army）

・あなたのチームの創造性を増強する三つのエクササイズ（Harvard Business Review）

**わかりました。しかしもし、本書以外のあなたの著書を読まないとしたら、物語思考を改良するのにどうしたらいいでしょうか？**

カギとなるのはあなたの脳の、なぜ、もしこうなったらを考える自然な能力を開発することです。計画、策略、戦術をより創造的に、適応的に、多様なやり方で立案することができるようになるでしょう。さあ始めてください。

・物語を読む。優れた回想録や近未来SFのような、あなたの精神的可能性の感覚や身体行動を拡大してくれるようなものを。さらに、異なった心理に同時に浸れるような、シェイクスピアの戯曲やサブプロットのある小説を読むのです。
・奇妙なもの、異常なもの、通常でないものを探し出し、判断を保留する。「外れ値」に対して、良し悪しを決めたり、あなたの既存の世界観に合わせて合理化するのでなく、積極的に推測する。新たな生活のチャンスが創造できるものは何か？

・想像力を鍛える。未来の行動から考えられるであろう、機械的な行程をできる限り正確に想像する。これによってあなたは、魔術思考に陥ることなしに、未来へ飛び出すことができます。

## 成長は常に対立を生みますか？

はい。成長とは生命の行動であり、自然選択による進化の非対称的な対立によって駆動します。ただしこれは、対立が常に、そして唯一の、成長の源泉であるという意味ではありません。破壊を生む可能性もあるのです。

しかし、私たちの論理に焦点を当てた文化――調和、冷静、幸福、平和といった心理状態を強調する――は対立の利益を過小評価しています。

自分以外の人と付き合うのであれば、必ず対立は起きます。そして、脳がある限り、自分との対立も不可避です。というのも脳は、民主主義的にふるまうニューロンで構成されているからです（第3章を参照）。

いずれの種類の対立も不快感を伴うかもしれません。だからこそ世の中には、厳選された友人グループやマインドフルネスのアプリといった、解決策になると思われるものが多数あります。しかし対立には本質的な悪はありません。緊張や不安といったその社会的、精神的な副産物もそうです。もしこうした闘争から得られるエネルギーが創造的な問題解決をもたらすならば、流れを作り、満足を得て、成長から得られる他の心理的利益を作り出すことができます。

## 対立を成長に代える最も効果的な方法は何ですか？

物語です。

すべての劇作家が知っているように、物語は対立から始まります。人と人との対立、人の内部の対立が、話のプロットを前に進める動力源なのです。

こうしたプロットは時間をかけて展開していきますが、展開するにつれて、異なった行動に対してどんな結果が生じるかについての私たちの理解もまた、発展していきます。

同様の物語プロセスが、あらゆる人の人生やコミュニティのナラティブな発展を駆動し、成長を力づけるのです。

**物語は「真実」「虚偽」のいずれかに成り得ると信じていますか?**

いえ、物語は有益か、有害のいずれかに成り得ると信じています。

**はは! わかるよ! あなたは「相対主義者」ですね!**

私は生物学者です。ですので、物語が、歯や目や心と同じように、有用な道具だと信じています。しかし倫理的相対主義には与しません。まず最初に、私は物語が真実たり得ると信じていませんが、誠実たり得るとは信じています。どういうことか。物語は、それを考え共有する人々の、記憶や感情、意図を性格に表現するものにはなり得るのです。

物語を他人を操作するために使うのにも反対です。物語は自分を成長させるために使うものと信じています。

もしあなたがプロパガンダをする人になり、恐怖や愛を煽るために物語を使ったとしたら、それは世界を害することになり、あなた自身にとっても永続的に善をもたらすことにはなりません。そうしたナラティブは脆いものです。というのも、あなたの狭い個人的な経験に基づいたものであって、生命の活気のある多様性を無視しているからです。

しかし脳で物語を育てることで、あなたの好奇心、創造性、勇気の可能性を成長させるとしたら、そのナラティブはあなたよりも長く生きるでしょう。さらに、他の人々にこうした物語を培う道具を与えたとしたら、さらに長く生きるナラティブをあなたが開始したことになります。

**いくつも質問があります。私たちの、意識への自然的、精神的な強調（というのも、私たちの脳の中で、視覚的なものは象徴記号や論理に偏っている）が心の哲学を狭めてきたのでしょうか？　物語思考は実際の直感に対して機械的な説明をするのでしょうか？　ナラティブと論理とで、時間の作動は違っているのでしょうか？　そして、こうした質問に意味はありますか？**

はい。しかし私がこれ以上言うと、私自身との会話になってしまい、それはよくないです。

**もし物語によって賢くなれるのなら、なぜテレビ中毒の人々が世界を支配していないのですか？**

私たちを賢くするのは、ナラティブの公式に従った物語を大量に視聴することではありません。それはあなたの今の行動とは別の物語を消費するために、あなたの脳を引き延ばすものです。だからこそディズニーは危険なのです。本書が各章で、同じ物語のレシピのリサイクルをしていないのもそれが理由です。そうではなく、異なった種類のプロットとキャラクターをモデルにし、あなたの脳のナラティブ機構のために異なった挑戦やチャンスを提供しています。

**もしナラティブ認知が機械的プロセスならば、いつの日か物語思考するような、コンピュータとは違った機械を作ることができますか？**

はい。人工知能について書いた私の論文を読んでください。

**ダーウィンやマキャベリといった悲観的な、シニカルとさえ言える思想家に多大な影響を受けた人々にとって、あなたの倫理観や人間社会関係は、非常に楽観的に見えます。**

子供の頃に私はこう学びました。暗闇の中に立つ時間が長いほど、目はかすかな光を検出することが得意になると。

**あなたは倫理学や創造的行動から、時間を超えた真実や道徳原則を追放しましたが、そのことで物語思考が企業や軍隊によって乱用されるといった心配はしないのですか？**

物語思考は人生の一部であり、多様性を通じて成長するというのが人生の法則です。この法則に反しては、長らく繁栄はできません。

そう確かに企業や軍隊は物語思考を、他の道具と同じように、乱用する可能性があります。そのことによって彼らは生命に打撃を与えるかもしれません。しかし彼らは、彼ら自身を破壊する種も蒔いているのです。そしてそこから生命が、および物語思考が、生き返ってくる可能性があります。

**あなたは第1章で神経科学を勉強したと書かれていますが、その上でナラティブセオリーも勉強したのですか？　神経科学なら聞いたことがありますが、ナラティブセオリーって、正確に言うと**

**何なのですか？**

ナラティブセオリーは多様な内容のある学問分野で、今日では『ナラティブ』『ジャーナル・オブ・ナラティブセオリー』といった学術誌で論文が発表されています。私の専門はレトリカル・ナラティブセオリーで、これはアリストテレスの『詩学』に始まり（第2章を参照）、一九五〇年代のシカゴ学派で復活し（第4章を参照）、オハイオ州立大学の卓越教授であるジェームズ・フェランといった学者が受け継いでいます。私もオハイオ州立大学の「プロジェクト・ナラティブ」に籍を置いて本書を執筆しています。

**あなたの物の見方をよりよく理解するために、あなたの物語がどこから始まったのかを知りたいのですが。**

まだ幼い頃、一九八〇年代ですが、私はトールキンを読んで、正しい行動と誤った行動があると信じるようになりました。その後、学校に行くようになると、良い等級《グレード》と悪い等級《グレード》があると信じるようになりました。

しかしその後、シェイクスピア、フレデリック・ダグラス、チャールズ・ダーウィン、マヤ・アンジェロウを読み、「ポジティブな闘争」「創造的な成長」「生命の枝分かれ」があると確信するようになりました。

**私たちの物語は、ここからどこへ行くと思いますか？**

学校に入っていって、論理や批判的思考と同じくらいには、物語や創造的行動を強調するようになって欲しいものですね。

**で、その後は？**

どこへでも。

# 註

## 第1章

「ハムレット」からの引用は、*The First Folio* (London, 1623), lns.862, 256-257, 1710.143-144.

## 第2章

シュメール人の「夏と冬との論争」の話は、オックスフォード大学のサイト *The Electronic Corpus of Sumerian Literature* (https://etcsl.orinst.ox.ac.uk) の、text number 5.3.3. でアクセス可能。「私は、私が何も知らないということを知っている」は、ディオゲネス・ラエルティオス『ギリシア哲学者列伝』の 2.5.32. に書かれている。アリストテレスは『形而上学』4.4 で、無矛盾律を形而上学の第一の原則としている。

## 第3章

なぜ文学の方が歴史よりもっともらしく、したがってより科学的であるのか、アリストテレスは彼の見解を『詩学』1451 で披歴している。キケロも『ヘレンニウスへ』1.8.11-1.9.16;『発想論』1.19-21;『トピカ』25.97:『弁論家について』2.80.326-2.81.330. で、ナラーツィオについて論じている。ハーバード大学ＭＢＡへのアドバイスは、Jill Avery, "Brand Storytelling," Harvard Business School Technical Note 519-049, January 2019. (Revised October 2020.) の中に見つけられる。

## 第4章

コモン・コアの「言語芸術」についての引用は、http://www.corestamdards.org/ELA-Literacy/CCRA/R/. の中に見つけられる。シカゴ学派の歴史については、Vincent B. Leitch, "The Chicago School," in *American Literacy Criticism from the Thirties to Eighties* (New York: Columbia University Press, 1988), 60-80. を参照。リチャーズの「クロース・リーディング」の方法および、それとニュー・クリティシズムとの（複雑な）関係については、Joseph North, "What's 'New Critical' about 'Close Reading'? I. A. Richards and His New Critical Reception," *New Literary History* 44 (2013): 141-157. を参照。性格批評による「ハムレット」読解については、Samuel Taylor Coleridge *Lectures on Hamlet* (1818) in *Lectures and Notes on Shakespeare and Other English Poet*, ed. T. Ashe (London: George Bell and Sons 1897), 531. を参照。コールリッジはそこで「ハムレットの性格として、抽象的・一般的なものを実践に移すことが多い」としている。ハムレットにおける "abstract" という語の単一使用については、*The First Folio*, line 1565. で見つけられる。

## 第5章

なぜＡＩがオリジナルの行動ができないのか、なぜ小説を書いたり、技術革新を起こしたり、科学をしたりという点で無力なのかについての私自身の研究は、文学系の人々向けには、"Why Computers Will Never Read (or Write) Novels: A Logical Proof and a Narrative," *Narrative* 29 (2021);1-28. を参照。コンピュータサイエンスの研究者向けには "Why Computer AI Will Never Do What We Imagine It Can" *Narrative* 30 (2022);1-30. を参照。後者の一部は第4

章の「なぜ記号論は文学の教育的価値を減ずるのか」という部分に許可を得て再録している。マカロックとドマルスの著述、*Lekton, being a belated Introduction by Warren S. McCulloch to The Logical Structure of Mind: An Inquiry into the philosophical foundation of psychology and Psychiatry by Eilhard von Domarus*, は、一九六五年一月一日に公開され、https://ntrs.nasa.gov/citations/19650017787. で利用可能となっている。マカロックとピッツの共著論文は“A Logical Calculus of the Ideas Imminent in Nervous Activity,” *Bulletin of Mathematical Biophysics* 5 (1943):115-133. ホッブズの主張「理性とは計算であり……足し算と引き算である」は、“Computation or Logic,” in *De Corpore, Book1, Chapter 1, Section 3.* に見つかる。チューリングからの引用は Alan Turing, “On Computable Numbers, with an Application to the *Entscheidungsproblem,” Proceeding of the London mathematical Society, Series* 2 42(1936-37): 230-265: corrections, 43 (1937):544-546. クロード・シャノンの修士論文は、“A Symbolic Analysis of Relay and Switching Circuits,” Massachusetts Institute of Technology, 1940.

## 第6章

物語思考の神経科学についてさらに知りたい場合には、Angus Flecher and Mike Benveniste, “A New Approach to Training Creativity: Narrative as an Alternative to Divergent Thinking,” *Annals of the New York Academy of Science* 1512 (2022): 29-45. を参照。I. J. グッドの、コンピュータの二つの要素についての引用は「有限な記号の組に有限な変換規則を適用して、有限な記号列をベンツの記号列へと変換する」I.J.Good, “Logic of Man and Machine,” *New Scientist*, April 15,1965, 182. スープ派とスパーク派との「戦争」については、E.S.Valenstein, *The War of the Soups and the Sparks: The Discovery of Neurotransmitters and the Dispute Over How Nerves Communicate* (New York: Columbia University Press, 2006) を参照。ハーシェルの科学的方法の再考に関しては、*A Preliminary Discourse on the Study of Natural Philosophy* (London: Longman, Green, Taylor, 1830), 6.171. を参照。ハーシェルが科学的方法を帰納から「推測」に変えたというヒューウェルの主張については、William Whewell, “Hershel's Preliminary Discourse,” *Quarterly Review* 45 (1831):401. を参照。「電磁場としての光のビーム」は、Albert Einstein (1951), “Autobiographical Notes,” in *Albert Einstein-Philosopher Scientist*, 2nd ed., P.A.Schipp (New York: Tudor Publishing, 1951), 52-53. より。ジョン・エックルスはカール・ポパーに負った部分について、「私はポパーから、シナプスの興奮と抑止に関する電気的な仮説を、実験で当否が分かる形でモデル化せよと促された」と明らかにしている（John C. Eccles, “My Scientific Odyssey,” *Annual Review of Physiology* 39 (1977):6.）。エックルスの、「新発見の熱狂」は John C.Eccles, “From Electrical to Chemical Transmission in the Central Nervous System,” *Notes and Records of the Royal Society*, London 30 (1976): 219-230. にある。ニューロンとシナプスに関する自然史は混濁しており、ライバルの仮説も目立っているが、Tomas J. Ryan and Seth G. N. Grant, “The Origin and Evolution of Synapses,” *Nature Reviews Neuroscience* 10 (2009):709-712. が入門として手助けになる。カール・フォン・クラウゼヴィッツは、「戦争は不確実な分野である。戦時の行動の四分の三は、多かれ少なかれ不確実な霧の中で行われる」と書いている（『戦争論』第一巻第三章）。

## 第7章

「常に一つの……不変の物語がある」については、Joseph Campbell, *The Hero with a Thousand Faces* (New York: Pantheon, 1949), 1を参照。これら三つの一般的なアプローチを特有のトレーニング・エクササイズにする方法については、Angus Fletcher, "3 Exercises to Boost Your Team's Creativity," *Harvard Business Review*, March 24,2022; および、Angus Fletcher, *Creative Thinking: A Field Guide to Building Your Strategic Core* (Ft.Leavenworth, KS: U.S. Army Command and General Staff College, 2021). を参照。

## 第8章

パースに関してデューイは、「授業は非常に数学的であり、パース氏は論理という言葉を物理化学の説明として使っており、できる限り数学的な形式に置いていた」と記している。引用はGeorge Dykhuizen, *The Life and Mind of John Dewey* (Carbondale and Edwardsville: Southern Illinois University Press, 1973), 30-31. より。デューイにおける「闘争と成長の関係」については、*Democracy and Education* (1916) の冒頭部分を参照。「(生物が) 生きている限り、周囲のエネルギーを自分のために使おうとしている。光や空気、湿気、土壌の成分などを使う。それらを使うということは、自分を保持する手段にしているということである。生物が成長する限り、それが依存している周囲の環境から得られるエネルギーは、消費するエネルギーを補って余りあり、かくして成長するのだ」。デューイの物語論については、エヴェリン・デューイとの共著 *Schools of To-morrow* (1915) を参照。「物語を語ることとドラマ化することとはとても緊密に結びついており、(十歳くらいまで) 通常の読書の一部を成している。生徒の年齢に合うテーマを扱った、文学的価値のある物語を、生徒に語るか読ませて、今度は生徒が学校外で聞いた話を語るように促される。九歳か十歳になれば、生徒は読むことができ、彼らは本に載っている物語を自分で黙読したり、声に出して人に聞かせたりする。そして教室でそれについて話し合う」(35)。ヘーゲルは、"*Wissenshaft der Logik*"(『論理の学』)の第1巻第1節第1章冒頭で例えば、「純粋な存在と純粋な無は結局同じである。真実とは、存在でもなければ無でもなく、無になる存在であり、存在になる無である……つまり、『になる』ことである」としている。Thomas Henry Huxley, *Ethics and Evolution* (London: Macmillan and Co., 1893), 81. John Dewey, "Evolution and Ethics." *The Monist* 8 (1898): 330, 340.

## 第9章

マキャベリの一二月一〇日のフランチェスコ・ヴェットーリ宛の手紙。マキャベリは行動について、「人は身を処するにあたり、特に大きな行動を起こすのであれば、時流に合わせなくてはならない。間違った選択や生来の性格のために、時代に合わせられない人は、生涯の大半において不幸な生活を送り、行動の結果も悪い。逆に時流に乗った人は何でもうまく行く」と、『ディスコルシ』の第3巻第8章で述べている。「ここにローマ元老院の慎重を見てとれる」は同第1巻第38章。ホラティウス・コクレス、キンキナトゥス、マンリウス・カピトリヌスについての逸話は同書1巻第24章、第25章、第8章。共和制の持つ多様性の方が君主制よりも幸福をもたらすとするマキャベリの主張は同書第3巻第9章。またマキャベリは、「このナラティヴの仕事」が、「私にこの仕事をするよう励ましてくれた人たちの助けを借り、自信を持ってこの仕事を進められると確信している。後進の学徒が目的地に到達するための労力を減らすことができるだろう」と、同書第1巻のはしがきで書いている。フランシス・ベーコンの『ニュー・アトランティス』（未完）は、Sylva Sylvarum (London, 1627), 1-47;「多様な」（diverse）という語は数十回登場し、とりわけ 32-47 に多い。「人は生まれながらにして自由だが、いたるところで鎖につながれている」は、*Du contrat social; ou, Principes du droit politique* (Amsterdam; Mar Michel Rey, 1762), book 1, chapter 1, page 3. Thomas Paine, *Common Sense* (Philadelphia: W.T. Bradford, 1776), 129.

### 第10章

レオンティオンについては、ディオゲネス・ラエルティオス『ギリシア哲学者列伝』10.5, 10.23. を参照。エピクロスの幸福論については、同書の特に 10.122-154. を参照。プラトンの「エルの物語」については、*Republic*, Book 10, 614-621。George Eliot *Middlemarch: A Study of Provincial Life* (London: William Blackwood and Sons, 1871-72), 8 vols., vol 8, Finale.

# 訳者あとがき

本書は、Angus Fletcher, *Storythinking : The New Science of Narrative Intelligence*（Columbia University Press,2023）の翻訳である。既に青土社から訳出した、マーク・クーケルバーク『自己啓発の罠』、およびトム・ルッツ『無目的』と同様、コロンビア大学出版会から出ている「No Limits」シリーズの一冊だ。

著者アンガス・フレッチャーは、本文中にもあるように、ミシガン大学で神経科学を学び、その後イェール大学で文学の博士号を取得した。現在はオハイオ州立大学教授（演劇、映画、メディアアート学部に所属）を務め、同大学のナラティブ・プロジェクトにも参加している研究者である。他の著書には *Comic Democracies from Ancient Athens to the American Republic* : Johns Hopkins University Press, 2016、および、*Wonderworks : The 25 Most Powerful Inventions in the History of Literature* ,Simon & Schuster, 2021.（山田美明訳『文學の実効：精神に奇跡をもたらす25の発明』CCCメディアハウス、二〇二三年）などがある。同じ名前で一九三〇年生まれの文学者アンガス・フレッチャー（ニューヨーク市立大学名誉教授、邦訳のある著書に『アレゴリー』『思考の図像学』）とは別人なので注意を要する。

タイトルの*Storythinking*は直訳すれば「物語思考」となるけれど、たまたま同じタイトルの本が日本で出ているので、邦題はそれを避けている。

本書のキーワードはstoryとnarrativeだろうが、どちらも日本語では「物語」「語り」となってしまう。例えば毎日新聞編集委員の大治朋子氏の著書『人を動かすナラティブ』(毎日新聞出版)では、ナラティブを「物語」「語ること」の両方を含んだ、ストーリーより広い意味で使っている。本書の記述においては、明確な区別なく使っている個所もあるようだけれども、この二つのキーワードを区別しないわけにはいかないので基本的に、storyを「物語」、narrativeを「ナラティブ」と訳し分けることとした。ご了承いただきたい。また、本文中の〔 〕で囲んだ部分は、訳者による注である。

お読みいただけば分かるように、本書は一般的な学術書の域を超えた、大胆で視野の広い書物と言える。地理的には世界各地、時代的には古代文明から現代までと、極めて幅広い範囲を扱っているだけでなく、ナラティブを使って個人や社会をどのように成長させて行くのかにまで言及している。「創造」のプロセスと「選択」のプロセスを完全に分離すべきといった、創作に役立つアドバイスも随所に含まれている。文学と神経科学の両方を学んだ著者ならではの、さまざまな知の融合、交配が、随所で見られることも楽しい。

本書においても、編集を担当された青土社の篠原一平氏に大変にお世話になった。いつもありがとうございます。

二〇二四年四月

田畑暁生

【著者】
**アンガス・フレッチャー**（Angus Fletcher）
オハイオ州立大学教授（演劇、映画、メディアアート）。同大学のナラティブ・プロジェクトにも参加している。著書に *Comic Democracies from Ancient Athens to the American Republic*（Johns Hopkins University Press）、『文學の実効：精神に奇跡をもたらす25の発明』（CCCメディアハウス）などがある。

【訳者】
**田畑暁生**（たばた・あけお）
神戸大学人間発達環境学研究科教授。専攻は社会情報学。著書に『情報社会論の展開』『「平成の大合併」と地域情報化政策』（以上、北樹出版）、『メディア・シンドロームと夢野久作の世界』（NTT出版）、『風嫌い』（鳥影社）など。訳書にクーケルバーグ『自己啓発の罠』、ルッツ『無目的』（以上、青土社）など多数。

STORYTHINKING
by Angus Fletcher



世界はナラティブでできている
なぜ物語思考が重要なのか

著者　アンガス・フレッチャー
訳者　田畑暁生

2024年5月10日　第一刷発行
2024年9月10日　第二刷発行

発行者　清水一人
発行所　青土社

〒101-0051　東京都千代田区神田神保町1-29　市瀬ビル
［電話］03-3291-9831（編集）　03-3294-7829（営業）
［振替］00190-7-192955

印刷・製本　シナノ
装丁　大倉真一郎

ISBN978-4-7917-7619-1　Printed in Japan